महापुरुषों के उपदेश

स्वामी विवेकानंद पर केंद्रित साहित्य

महापुरुषों के उपदेश

स्वामी विवेकानंद

प्रभात प्रकाशन

प्रकाशक

प्रभात प्रकाशन प्रा. लि.

4/19 आसफ अली रोड, नई दिल्ली–110002

फोन : 011–23289777 • हेल्पलाइन नं. : 7827007777

इ–मेल : prabhatbooks@gmail.com ❖ वेब ठिकाना : www.prabhatbooks.com

संस्करण

2024

पेपरबैक मूल्य

दो सौ पचास रुपए

मुद्रक

आर–टेक ऑफसेट प्रिंटर्स, दिल्ली

★

MAHAPURUSHON KE UPADESH
by Swami Vivekananda

Published by **PRABHAT PRAKASHAN PVT. LTD.**
4/19 Asaf Ali Road, New Delhi-110002

ISBN 978-93-5521-365-5

₹ 250.00 (PB)

पुस्तक परिचय

स्वामी विवेकानंद ने भारत में उस समय अवतार लिया, जब यहाँ हिंदू धर्म के अस्तित्व पर संकट के बादल मँडरा रहे थे। पंडित-पुरोहितों ने हिंदू धर्म को घोर आडंबरवादी और अंधविश्वासपूर्ण बना दिया था। ऐसे में स्वामी विवेकानंद ने हिंदू धर्म को एक पूर्ण पहचान प्रदान की। इसके पहले हिंदू धर्म विभिन्न छोटे-छोटे संप्रदायों में बँटा हुआ था। तीस वर्ष की आयु में स्वामी विवेकानंद ने शिकागो (अमेरिका) की विश्व धर्म-संसद् में हिंदू धर्म का प्रतिनिधित्व किया और इसे सार्वभौमिक पहचान दिलवाई।

गुरुदेव रवींद्रनाथ टैगोर ने एक बार कहा था, "यदि आप भारत को जानना चाहते हैं तो विवेकानंद को पढ़िए। उनमें आप सबकुछ सकारात्मक ही पाएँगे, नकारात्मक कुछ भी नहीं।"

रोम्या रोलाँ ने उनके बारे में कहा था, "उनके द्वितीय होने की कल्पना करना भी असंभव है। वे जहाँ भी गए, सर्वप्रथम हुए··· हर कोई उनमें अपने नेता का दिग्दर्शन करता था। वे ईश्वर के प्रतिनिधि थे तथा सब पर प्रभुत्व प्राप्त कर लेना ही उनकी विशिष्टता थी। हिमालय प्रदेश में एक बार एक अनजान यात्री उन्हें देख, ठिठककर रुक गया और आश्चर्यपूर्वक चिल्ला उठा—'शिव!' यह ऐसा हुआ, मानो उस व्यक्ति

के आराध्य देव ने अपना नाम उनके माथे पर लिख दिया हो।"

उनतालीस वर्ष के संक्षिप्त जीवनकाल में स्वामी विवेकानंद जो काम कर गए, वे आनेवाली अनेक शताब्दियों तक पीढ़ियों का मार्गदर्शन करते रहेंगे।

वे केवल संत ही नहीं थे, एक महान् देशभक्त, ओजस्वी वक्ता, प्रखर विचारक, रचनाधर्मी लेखक और करुण मानवप्रेमी भी थे। अमेरिका से लौटकर उन्होंने देशवासियों का आह्वान करते हुए कहा था, "नया भारत निकल पड़े मोची की दुकान से, भड़भूजे के भाड़ से, कारखाने से, हाट से, बाजार से; निकल पड़े झाड़ियों, जंगलों, पहाड़ों, पर्वतों से।"

और जनता ने स्वामीजी की पुकार का उत्तर दिया। वह गर्व के साथ निकल पड़ी। गांधीजी को आजादी की लड़ाई में जो जन-समर्थन मिला, वह विवेकानंद के आह्वान का ही फल था। इस प्रकार वे भारतीय स्वतंत्रता-संग्राम के भी एक प्रमुख प्रेरणा-स्रोत बने।

उनका विश्वास था कि पवित्र भारतवर्ष धर्म एवं दर्शन की पुण्यभूमि है। यहीं बड़े-बड़े महात्माओं तथा ऋषियों का जन्म हुआ, यहीं संन्यास एवं त्याग की भूमि है तथा यहीं, केवल यहीं आदिकाल से लेकर आज तक मनुष्य के लिए जीवन के सर्वोच्च आदर्श एवं मुक्ति का द्वार खुला हुआ है।

उनके कथन—"उठो, जागो, स्वयं जगकर औरों को जगाओ। अपने नर-जन्म को सफल करो और तब तक रुको नहीं, जब तक कि लक्ष्य प्राप्त न हो जाए।" पर अमल करके व्यक्ति अपना ही नहीं, सार्वभौमिक कल्याण कर सकता है। यही उनके प्रति हमारी सच्ची श्रद्धांजलि होगी।

प्रस्तुत पुस्तक 'महापुरुषों के उपदेश' में स्वामीजी ने भारतीय अध्यात्म के दो आधारभूत ग्रंथों 'रामायण' और 'महाभारत' के हवाले से भारत के समाज का आध्यात्मिक, सामाजिक और मानसिक दृश्य खींचा है, जो भारतीय जनमानस के भावों का दिग्दर्शन कराता है, साथ

ही अन्य दृष्टांतों के माध्यम से समकालीन इतिहास का सटीक व मार्मिक वर्णन भी किया है। यह अनेक सवालों और जिज्ञासाओं की प्रतिपूर्ति करनेवाली एक प्रेरक और ज्ञानवर्धक पुस्तक है।

अनुक्रम

रामायण

भारती का भंडार शत-शत काव्य-रत्नों से परिपूर्ण है, किंतु उनमें दो महाकाव्य अत्यंत प्राचीन हैं। यद्यपि आज दो सहस्र वर्षों से संस्कृत बोलचाल की भाषा नहीं रही है, तथापि उसकी साहित्य-सरिता आज तक अविच्छिन्न रूप से प्रवाहित हो रही है। मैं आज उन्हीं दो प्राचीन महाकाव्यों, 'रामायण' और 'महाभारत' के संबंध में अपने विचार प्रकट करूँगा। इन दोनों महाकाव्यों में प्राचीन आर्यावर्त्त की सभ्यता और संस्कृति, तत्कालीन आचार-विचार एवं सामाजिक अवस्था लिपिबद्ध है। इन महाकाव्यों में प्राचीनतम 'रामायण' है, जिसमें राम के जीवन की कथा कही गई है। 'रामायण' के पूर्व भी संस्कृत में काव्य का अभाव न था। भारतीयों के पवित्र धर्मग्रंथ वेदों का अधिकांश पद्यमय ही है, किंतु सर्वसम्मति से भारतवर्ष में 'रामायण' ही आदिकाव्य माना जाता है।

इस आदिकाव्य के प्रणेता हैं—आदिकवि महर्षि वाल्मीकि। कालांतर में अनेक काव्यमय आख्यायिकाओं का कर्तृत्व भी उन्हीं आदिकवि पर आरोपित किया गया और बाद में तो इस महाकवि के नाम से अपनी रचनाएँ प्रचलित करने की एक प्रथा सी चल पड़ी। किंतु इन सब क्षेपकों और प्रक्षिप्तांशों के होते हुए भी 'रामायण' हमें अत्यंत सुग्रथित रूप में प्राप्त हुई है और विश्व साहित्य में अप्रतिम है।

प्राचीन काल में किसी निविड़ वन-प्रदेश में एक युवक निवास करता था। वह अत्यंत बलवान और दृढ़ था। जब वह किसी भी प्रकार अपने आत्मीयों का भरण-पोषण करने में सफल न हुआ तो अंत में उसने दस्युवृत्ति स्वीकार कर ली। अब वह पथिकों पर आक्रमण करता और उनकी संपत्ति लूटकर अपने माता-पिता और स्त्री-पुत्रादि का उदर-पोषण करता। इस प्रकार कई वर्ष बीत गए। एक समय की बात है कि संयोगवश महर्षि नारद मृत्युलोक का भ्रमण करते हुए उसी वन से निकले तो उस दस्यु युवक ने उन पर आक्रमण किया।

प्राचीन काल में किसी निविड़ वन-प्रदेश में एक युवक निवास करता था। वह अत्यंत बलवान और दृढ़ था। जब वह किसी भी प्रकार अपने आत्मीयों का भरण-पोषण करने में सफल न हुआ तो अंत में उसने दस्युवृत्ति स्वीकार कर ली। अब वह पथिकों पर आक्रमण करता और उनकी संपत्ति लूटकर अपने माता-पिता और स्त्री-पुत्रादि का उदर-पोषण करता।

महर्षि ने उससे पूछा, "तुम मुझे क्यों लूट रहे हो? मनुष्यों का धन अपहरण करना और उनका वध करना तो बड़ा जघन्य दुष्कृत्य है। तुम क्यों यह पाप संचय कर रहे हो?"

दस्यु ने उत्तर दिया, "मैं इस अपहृत धन द्वारा अपने कुटुंबियों का पालन करता हूँ।"

देवर्षि नारद यह सुनकर बोले, "दस्यु युवक! क्या तुमने कभी इस बात का भी विचार किया है कि तुम्हारे आत्मीय जन तुम्हारे पाप में भी सहभागी होंगे?"

दस्यु बोला, "निश्चय ही वे सब मेरे पाप का भाग भी ग्रहण करेंगे।"

इस पर देवर्षि बोले, "अच्छा, तुम एक काम करो। मुझे इस वृक्ष से बाँध दो और घर जाकर अपने स्वजन से जरा पूछो तो कि जिस प्रकार वे तुम्हारे पापाचरण द्वारा प्राप्त वित्त का उपभोग करते हैं, उसी प्रकार क्या

तुम्हारे संचित पापों का अंश भी ग्रहण करेंगे?"

दस्यु दौड़ता हुआ अपने पिता के पास पहुँचा और उसने पूछा, "पिताजी, क्या आप जानते हैं, मैं किस प्रकार आपका पालन-पोषण करता हूँ?"

पिता बोले, "नहीं तो।"

तब वह बोला, "मैं दस्यु हूँ, पथिकों को काल के पास पहुँचाकर मैं उनका धन अपहृत कर लिया करता हूँ।"

पिता ने यह सुना तो क्रोध से आरक्तनयन बोले, "नीच! पापी! कुलांगार! तू मेरा पुत्र होकर यह पापकृत्य करता है! दूर हट मेरे सामने से और अब मुझे अपना काला मुँह न दिखाना।"

तब वह बोला, "मैं दस्यु हूँ, पथिकों को काल के पास पहुँचाकर मैं उनका धन अपहृत कर लिया करता हूँ।" पिता ने यह सुना तो क्रोध से आरक्तनयन बोले, "नीच! पापी! कुलांगार! तू मेरा पुत्र होकर यह पापकृत्य करता है! दूर हट मेरे सामने से और अब मुझे अपना काला मुँह न दिखाना।"

दस्यु यह सुनकर, उलटे पैरों वहाँ से लौटकर अपनी माँ के पास पहुँचा। उसने माँ से भी दस्युवृत्ति द्वारा अपहृत धन से कुटुंबपालन करने की कथा कह सुनाई। माँ यह सुनते ही चीत्कार कर बोल उठी, "उफ! कितना घोर दुष्कर्म!"

पर दस्यु के पास यह सब सुनने का धैर्य कहाँ था! उसने अधीर होकर पूछा, "पर माँ! क्या तुम मेरे पाप को भी ग्रहण करोगी?"

माँ ने अम्लान मुख से कहा, "कौन, मैं? मैं क्यों तुम्हारे पाप का भाग ग्रहण करूँ? मैंने थोड़े ही किसी को लूटा है!"

माँ का उत्तर सुन दस्यु चुपचाप अपनी पत्नी के पास पहुँचा। उसने पुनः वही प्रश्न दुहराया, "क्या तुम जानती हो कि मैं किस भाँति तुम्हारी आर्थिक आवश्यकताओं की पूर्ति करता हूँ?" जब पत्नी ने भी 'नहीं'

कहा तो दस्यु बोला, "तो सुन लो, मैं एक दस्यु हूँ, एक डाकू और लुटेरा हूँ। वर्षों से मैं पथिकों को लूट-लूटकर तुम सबका उदर-पोषण कर रहा हूँ और आज मैं तुमसे यह पूछने आया हूँ कि क्या तुम मेरे पाप में मेरी सहभागी बनोगी?"

पत्नी ने तीक्ष्ण उत्तर दिया, "नहीं, कदापि नहीं! तुम मेरे पति हो और मेरा पालन करना तुम्हारा कर्तव्य है। तुम किसी भी भाँति अपनी कर्तव्यपूर्ति क्यों न करो, मैं तुम्हारे कार्यों का अशुभ फल ग्रहण नहीं करूँगी।"

दस्यु ने जब यह सुना तो उसके पैरों तले की जमीन खिसक गई। पर अब उसकी आँखें खुल गई थीं। उसने कहा, "यह है इस स्वार्थपूर्ण संसार की रीति, जिनके लिए मैं यह पापकृत्य कर रहा हूँ, वे मेरे आत्मीय भी मेरे प्रारब्ध के भागी नहीं होंगे।" यही सोचते-सोचते वह उस स्थान पर आया, जहाँ उसने देवर्षि को बाँध रखा था और उन्हें बंधनमुक्त कर वह उनके पदांबुजों में पतित हो, आद्योपांत सारी घटना सुनाकर बोला, "प्रभो! मेरी रक्षा करो, मुझे सन्मार्ग दिखाओ!"

यही सोचते-सोचते वह उस स्थान पर आया, जहाँ उसने देवर्षि को बाँध रखा था और उन्हें बंधनमुक्त कर वह उनके पदांबुजों में पतित हो, आद्योपांत सारी घटना सुनाकर बोला, "प्रभो! मेरी रक्षा करो, मुझे सन्मार्ग दिखाओ!"

तब महर्षि नारद ने उसे स्नेहपूर्ण वाणी में उपदेश दिया, "वत्स! इस पापपूर्ण दस्युवृत्ति का परित्याग कर दो। तुमने देख लिया है कि तुम्हारे स्वजन का तुमसे यथार्थ में स्नेह नहीं है, इसलिए इन सब मोहपूर्ण भ्रांतियों का त्याग कर दो। तुम्हारे परिजन तुम्हारे ऐश्वर्य में तुम्हारा साथ देंगे, पर जिस क्षण उन्हें ज्ञात हो जाएगा कि तुम दरिद्र हो गए हो, उसी क्षण वे तुम्हें तुम्हारे दुःख में अकेला छोड़कर चले जाएँगे। संसार में सुख और पुण्य के भागी तो अनेक हो जाते हैं, किंतु दुःख और पाप का साथी कोई नहीं होना चाहता। इसलिए उस दयानिधि परमेश्वर की उपासना करो, जो सुख-

दु:ख, पाप-पुण्य सभी अवस्थाओं में तुम्हारा साथ देता है और रक्षा करता है। वह कदापि हमारा परित्याग नहीं करता, क्योंकि उसका प्रेम यथार्थ है और यथार्थ प्रेम में कभी विनियम नहीं होता, वह स्वार्थपरता से कोसों दूर रहता है और आत्मा को उन्नत बनाता है।"

तदुपरांत देवर्षि नारद ने उस दस्यु युवक को ईश्वरोपासना की विधि सिखलाई। उनके उपदेशों से प्रभावित होकर दस्यु का हृदय मोहशून्य हो गया और वह सर्वस्व परित्याग कर सघन अरण्य-प्रदेश में साधना करने चला गया। वहाँ ईश्वराधना और ध्यान में वह धीरे-धीरे इतना तल्लीन हो गया कि उसे देहज्ञान ही न रहा, यहाँ तक की चींटियों ने उसकी देह पर अपने वल्मीक बना लिये और उसे इसका भान तक न हुआ। अनेक वर्ष व्यतीत हो जाने पर एक दिन दस्यु को यह गंभीर ध्वनि सुनाई पड़ी, "उठिए महर्षि, उठिए!" वह चकित होकर बोल उठा, "महर्षि? नहीं, मैं तो एक अधम दस्यु हूँ।" फिर वही गंभीर वाणी उसे सुनाई दी, "अब तुम दस्यु नहीं रहे, अब तुम्हारा हृदय पवित्र हो गया है, तुम अब तपोपूत महर्षि हो और आज से तुम्हारे पापों के नाश के साथ तुम्हारा वह पुराना नाम भी लुप्त हो जाएगा। तुम्हारी समाधि इतनी गहरी थी, तुम ईश्वर-ध्यान में इतने तल्लीन हो गए थे कि तुम्हारी देह के चतुर्दिक् जो वल्मीक बन गए, उनका तुम्हें ज्ञान तक न हुआ! इसलिए आज से तुम 'वाल्मीकि' के नाम से प्रसिद्ध हुए।" इस प्रकार वह दस्यु ध्यान और

तदुपरांत देवर्षि नारद ने उस दस्यु युवक को ईश्वरोपासना की विधि सिखलाई। उनके उपदेशों से प्रभावित होकर दस्यु का हृदय मोहशून्य हो गया और वह सर्वस्व परित्याग कर सघन अरण्य-प्रदेश में साधना करने चला गया। वहाँ ईश्वराधना और ध्यान में वह धीरे-धीरे इतना तल्लीन हो गया कि उसे देहज्ञान ही न रहा, यहाँ तक की चींटियों ने उसकी देह पर अपने वल्मीक बना लिये और उसे इसका भान तक न हुआ।

तपस्या के बल पर एक दिन महर्षि वाल्मीकि के नाम से विख्यात हो गया।

और जिस प्रकार इस विगत-माह महर्षि के हृदय से काव्यसरिता बह निकली, उनकी कथा इस प्रकार है—एक दिन पवित्र भागीरथी-सलिल में अवगाहनार्थ जाते हुए महर्षि ने एक क्रौंचमिथुन को प्रणयकेलि में मग्न होकर परस्पर का आलिंगन किए हुए परमानंद में मग्न देखा। महर्षि इस प्रणयक्रीड़ा को देखकर अतीव हर्षित हुए, किंतु उसी क्षण उनके समीप से एक सनसनाता हुआ तीर निकला, जिसने नर क्रौंच को वेधकर उसकी जीवनलीला समाप्त कर दी। उसे भूमि-पतित देखकर क्रौंच-वधू शोकाभिभूत हो, उसकी मृत देह के चतुर्दिक् मँडराने लगी। महर्षि यह करुण दृश्य देखकर शोकविह्वल हो गए, और जब उनकी दृष्टि इस क्रूर कर्म के कर्ता निष्ठुर वधिक की ओर गई तो उनके दुःख और शोक का आवेग, उनके हृदय की करुणा निम्न श्लोक का रूप धारण कर उनके मुख से निःसृत हो गई—

और जिस प्रकार इस विगत-माह महर्षि के हृदय से काव्यसरिता बह निकली, उनकी कथा इस प्रकार है—एक दिन पवित्र भागीरथी-सलिल में अवगाहनार्थ जाते हुए महर्षि ने एक क्रौंचमिथुन को प्रणयकेलि में मग्न होकर परस्पर का आलिंगन किए हुए परमानंद में मग्न देखा।

मा निषाद प्रतिष्ठां त्वमगमः शाश्वतीः समाः।
यत्क्रौचमिथुनादेकमवधीः काममोहितम्॥

वे बोल उठे, "हे व्याध! हे क्रूर पाषाणहृदय व्यक्ति! क्या तुममें बिंदुमात्र भी दयाभाव नहीं है, जो तुम्हारे कठोर हाथ प्रणय-क्रीड़ामग्न दो भोले पक्षियों को देखकर क्षण भर के लिए भी अपना विध्वंस-कार्य करते न रुके? जाओ, तुम्हारे हृदय को अनंत काल तक भी शांति प्राप्त न हो!"

मुख से इस श्लोक के निर्गत होते ही महर्षि मन में सोचने लगे, "यह क्या है? यह मैं क्या बोल रहा हूँ? इसके पूर्व तो कभी मैं इस प्रकार नहीं बोला था!" उसी समय उन्हें एक वाणी सुनाई दी, "वत्स, डरो मत!

आज तुम्हारे हृदय की विगलित करुणा कविता बन प्रकट हो रही है और तुम लोककल्याण के लिए ऐसी ही काव्यमय भाषा में राम के चरित्र का वर्णन करो।"

इस प्रकार प्रथम कविता की सृष्टि हुई। इस प्रकार विश्व के इस अप्रतिम महाकाव्य, भारतीयों के आदिकाव्य 'रामायण' की रचना प्रारंभ हुई। प्रथम कवि वाल्मीकि के हृदय की करुणा भी विश्व के आदिकाव्य का आदि-श्लोक बन गई और उनके बाद महर्षि ने परम मनोहर 'रामायण' महाकाव्य की रचना की।

इस प्रकार प्रथम कविता की सृष्टि हुई। इस प्रकार विश्व के इस अप्रतिम महाकाव्य, भारतीयों के आदिकाव्य 'रामायण' की रचना प्रारंभ हुई। प्रथम कवि वाल्मीकि के हृदय की करुणा भी विश्व के आदिकाव्य का आदि-श्लोक बन गई और उनके बाद महर्षि ने परम मनोहर 'रामायण' महाकाव्य की रचना की।

भारतवर्ष में अयोध्या नाम की एक सुंदर नगरी थी, जो आज भी विद्यमान है। भारत के मानचित्र में आपने देखा होगा कि जिस प्रांत में इस नगरी का स्थान निर्देशित किया गया है, उसे आज भी अवध ही कहते हैं। यही प्राचीन अयोध्या थी। वहाँ पुरातन काल में राजा दशरथ राज्य करते थे। उनका अंत:पुर तीन रानियों से सुशोभित था, किंतु अब तक राजा को पुत्र के मुखावलोकन का सौभाग्य प्राप्त नहीं हुआ। इसलिए धर्मपरायण हिंदुओं की भाँति राजा अपनी तीनों रानियों सहित पुत्रकामना से व्रतोपवास धारण कर देवाराधना करते हुए दिन यापन करने लगे। कालांतर में राजा को चार पुत्ररत्न प्राप्त हुए। उनमें सबसे ज्येष्ठ राम थे। चारों राजकुमार अत्यंत कुशाग्रबुद्धि थे। उन्होंने शीघ्र ही सभी विद्याओं में प्रवीणता संपादित कर ली।

उसी युग में एक और राजा थे, जिनका नाम जनक था। उनके सीता नामक एक अनिंद्य-सुंदरी कन्या थी। उन्हें सीता एक खेत में मिली थीं।

वे सर्वसहा पृथ्वी की पुत्री थीं। उनके जन्मदाता कोई नहीं थे। प्राचीन संस्कृत में 'सीता' शब्द का अर्थ होता है— हलकृष्ट भूमिखंड, जोती हुई भूमि। भारत के प्राचीन पुराणों में इस प्रकार के अलौकिक जन्मों की अनेक कथाएँ मिलती हैं। पुराणों में सर्वत्र ऐसे व्यक्तियों का वर्णन मिलता है, जिनका जन्म केवल पिता से ही हुआ है या माता से, या जिनके कोई जनक-जननी ही न थे, जिनका जन्म मुखाग्नि से हुआ या पृष्ठभूमि से हुआ; मानो ये व्यक्ति आकाशगामी बादलों से गिरकर पृथ्वी पर अवतीर्ण हो गए हों।

प्राचीन भारत में विवाह की 'स्वयंवर' नामक एक प्रथा थी, जिसमें राजपुत्रियाँ स्वयं अपने पति का निर्वाचन करती थीं। देश के विभिन्न प्रदेशों से राजपुत्र-जन निमंत्रित किए जाते थे और पतिवरा राजकुमारी सुंदर वस्त्राभरण-विभूषिता होकर, वरमाला धारण कर एकत्र राजपुत्र-समुदाय के मध्य जाती थी।

सीता तो पृथ्वी-सुता ही थीं, अतएव वे निष्कलंक और शुद्ध थीं। राजा जनक ने उनका लालन-पालन किया। जब सीता आसन्नयौवना हुईं तो राजा ने उनके लिए एक सुयोग्य वर ढूँढ़ना चाहा।

प्राचीन भारत में विवाह की 'स्वयंवर' नामक एक प्रथा थी, जिसमें राजपुत्रियाँ स्वयं अपने पति का निर्वाचन करती थीं। देश के विभिन्न प्रदेशों से राजपुत्र-जन निमंत्रित किए जाते थे और पतिवरा राजकुमारी सुंदर वस्त्राभरण-विभूषिता होकर, वरमाला धारण कर एकत्र राजपुत्र-समुदाय के मध्य जाती थी। उसके साथ विभिन्न राजपुत्रों की वंशावली एवं शौर्य-प्रताप से परिचत एक चारण रहता था, जो उसे विवाहेच्छु राजकुमारों के सम्मुख ले जाकर उनका विरुद-गान करता था। राजकन्या जिस राजपुत्र को अपना हृदयेश्वर मनोनीत करती, उसके गले में वह वरमाला अर्पण कर देती थी और उसके बाद बड़े समारोह के साथ पाणिग्रहण-संस्कार संपन्न होता था। इन स्वयंवरों में कभी-कभी

विवाहेच्छु राजपुत्रों के विद्या-बुद्धि-बल के परीक्षणार्थ कुछ विशेष प्रण भी निर्दिष्ट कर दिए जाते थे।

मिथिला की अनिंद्यसुंदरी राजकन्या से विवाह करने के लिए अनेक राजपुत्र उत्सुक थे। इस अवसर पर विशाल हर-धनु को भंग करने का प्रण रखा गया था। सभी राजपुत्र इस शौर्यपूर्ण कार्य को संपादित करने के लिए प्राणपण से प्रयत्न करने लगे, किंतु असफल रहे। अंत में राम ने प्रचंड हर-धनु को अपने बलवान हाथों से उठाकर सहज ही में दो खंडों में भंग कर दिया। इस प्रकार सीता ने दशरथ के पुत्र राम को वरमाला अर्पित कर दी; पुरजन के आनंद की सीमा न रही और आनंदोत्सव के साथ राम व सीता की परिणय-क्रिया संपन्न हुई।

किसी राजा के निधन के पश्चात् राजपुत्रों में सिंहासन के लिए विग्रह न हो, इसलिए उस युग में राजा के जीवनकाल में ही किसी एक राजपुत्र को युवराज नियुक्त कर देने की प्रथा थी। जब राम अपनी नवोढ़ा रानी के साथ अयोध्या आ गए तो दशरथ ने सोचा कि मैं अब वृद्ध हो चला हूँ और राम भी वय:प्राप्त हो गए हैं, इसलिए ये युवराज-पद पर अभिषिक्त कर दिए जाएँ। शीघ्र ही इस मंगलोत्सव की सारी तैयारियाँ हो गईं और सारी नगरी में हर्ष की लहरें उमड़ पड़ीं। किंतु इसी समय राजा की प्रियतमा राजमहिषी कैकेयी की एक परिचारिका ने राजा द्वारा किसी समय प्रदान किए गए दो वरों का स्मरण उसे कराया। किसी समय राजा दशरथ कैकेयी से अत्यंत प्रसन्न हो गए थे और उन्होंने उसे दो वर माँगने

किसी राजा के निधन के पश्चात् राजपुत्रों में सिंहासन के लिए विग्रह न हो, इसलिए उस युग में राजा के जीवनकाल में ही किसी एक राजपुत्र को युवराज नियुक्त कर देने की प्रथा थी। जब राम अपनी नवोढ़ा रानी के साथ अयोध्या आ गए तो दशरथ ने सोचा कि मैं अब वृद्ध हो चला हूँ और राम भी वय:प्राप्त हो गए हैं, इसलिए ये युवराज-पद पर अभिषिक्त कर दिए जाएँ।

को कहा। वे बोले, “तुम कोई भी दो वर मुझसे माँग लो और यदि उन्हें पूर्ण करना मेरी सामर्थ्य के बाहर न हुआ तो मैं इसी क्षण उन्हें पूर्ण कर दूँगा।” किंतु रानी ने उस समय कोई वर नहीं माँगा। वह तो यह घटना पूर्णतया भूल भी गई थी, किंतु उसकी दुष्ट-स्वभाव दासी ने उसके हृदय में ईर्ष्याग्नि प्रज्वलित कर दी।

दासी ने रानी से कहा, “राम के युवराज हो जाने पर भरत का क्या होगा? कौशल्या जब राजमाता हो जाएगी तो तुम्हें कोई न पूछेगा। यदि भरत राज्य के उत्तराधिकारी बन जाएँ तो तुम राजमाता का गौरवमय स्थान प्राप्त करोगी और जीवन सुखपूर्ण हो जाएगा।” दुष्ट दासी की मंत्रणा से रानी ईर्ष्यावश उन्मत्तप्राय हो गई। दुष्ट दासी ने उसे अपने वरदान लेने के अधिकार का स्मरण करवाकर कहा, “राजा से इन दो वरों की प्रार्थना करो कि भरत युवराज पद पर अभिषिक्त हों और राम चौदह वर्ष वनवास करें।”

दासी ने रानी से कहा, “राम के युवराज हो जाने पर भरत का क्या होगा? कौशल्या जब राजमाता हो जाएगी तो तुम्हें कोई न पूछेगा। यदि भरत राज्य के उत्तराधिकारी बन जाएँ तो तुम राजमाता का गौरवमय स्थान प्राप्त करोगी और जीवन सुखपूर्ण हो जाएगा।” दुष्ट दासी की मंत्रणा से रानी ईर्ष्यावश उन्मत्तप्राय हो गई।

राम तो राजा के जीवनधन थे, उनके प्राण और आत्मा थे। एक ओर राम के वियोग का दारुण दुःख और दूसरी ओर प्रतिज्ञापालन का प्रश्न था, रघुकुल की मर्यादा की रक्षा का सवाल था। ‘रघुकुल रीति सदा चलि आई, प्राण जाए पर वचन न जाई।’ राजा किंकर्तव्यविमूढ़ हो गए, तब राम ने राजा की इस उभय-संकट से रक्षा की। वे स्वयं ही सिंहासन त्यागकर वनगमन के लिए प्रस्तुत हो गए, जिससे पिता के वचन भंग न हों। इस प्रकार राम ने चौदह वर्ष के लिए वन की ओर प्रस्थान किया, साथ में उनकी प्रिय भार्या पतिपरायणा सीता और अनुज लक्ष्मण भी थे, जो

किसी भाँति राम का साथ नहीं छोड़ना चाहते थे।

उन दिनों आर्यों को यह ज्ञात नहीं था कि इन सघन वनकांतरों में कौन निवास करते थे। वे इन वन्य जातियों को 'वानर' कहते थे और इन तथाकथित 'वानरों' में या असभ्य वन्य जातियों में जो अत्यंत दृढ और असाधारण बलसंपन्न थे, उन्हें 'दैत्य' या 'राक्षस' कहते थे।

इस प्रकार राम, लक्ष्मण और सीता ने वानरों और राक्षसों द्वारा अध्युसित वन में गमन किया। इसके पूर्व जब सीता ने राम के साथ वन में प्रयाण करने की अभिलाषा प्रकट की तो राम ने कहा, "राजप्रासाद में निवास करनेवाली हे सीते! तुम किस प्रकार संकटपूर्ण वन-जीवन के कष्ट सह सकोगी?" किंतु सीता बोलीं, "नाथ! जहाँ आप जाएँगे, वहाँ आपकी अर्धांगिनी सीता भी छाया की भाँति साथ रहेगी। आप मुझसे 'राजकन्या', 'राजवंश-जन्म' की बातें क्यों कह रहे हैं? देव, मैं तो सदैव आपकी संगिनी ही बनकर रह सकती हूँ।" इस प्रकार असूर्यपश्या राजदारा सीता, आमोदपूर्ण राज-सौधों की निवासिनी सीता ने पति के संग को अन्य आमोदों से अधिक सुखकर समझ राम का साथ न छोड़ा और अनुज लक्ष्मण भी भला बंधु का वियोग कैसे सह सकते थे! अत: वे भी उनके साथ ही गए।

इस प्रकार राम, लक्ष्मण और सीता ने वानरों और राक्षसों द्वारा अध्युसित वन में गमन किया। इसके पूर्व जब सीता ने राम के साथ वन में प्रयाण करने की अभिलाषा प्रकट की तो राम ने कहा, "राजप्रासाद में निवास करनेवाली हे सीते! तुम किस प्रकार संकटपूर्ण वन-जीवन के कष्ट सह सकोगी?"

वे गहन कांतार-राजि पार कर गोदावरी-तीरवर्ती रमणीय पंचवटी नामक स्थान में पर्णकुटी बनाकर निवास करने लगे। राम और लक्ष्मण दोनों ही मृगया करने चले जाते और कुछ कंद-मूल-फल भी संग्रह कर लाते। इस प्रकार निवास करते हुए कुछ समय व्यतीत हो जाने पर एक

दिन वहाँ लंकाधिपति राक्षसराज रावण की बहन शूर्पणखा आई। अरण्य में स्वच्छंद विचरण करते-करते उसे एक दिन राजीव-लोचन राम दृष्टिगत हुए। उनके रूप-लावण्य पर मुग्ध होकर, वह उनसे प्रणय की भिक्षा माँगने लगी। किंतु राम एकपत्नी-व्रतधारी थे, पुरुषोत्तम थे, इसलिए राक्षसी की अभिलाषा पूर्ण करने में असमर्थ थे। इससे उसके हृदय में प्रतिशोध की ज्वाला भड़क उठी। क्रुद्ध होकर, वह अपने भाई राक्षसराज रावण के पास पहुँची और उससे उसने सीता के अप्रतिम लावण्य की बात कही।

प्रचंड हर-धनु को भंग करने से राम की सर्वाधिक शक्तिसंपन्न पुरुष के रूप में ख्याति हो गई थी। वे मर्त्यों में सबसे अधिक बलिष्ठ थे। राक्षसों, दैत्यों तथा अन्य किसी जीवधारी में उनसे लोहा लेने की शक्ति नहीं थी। इसलिए राक्षसराज रावण को सीता का हरण करने के लिए अपनी राक्षसी माया का आश्रय लेना पड़ा। उसने एक अन्य राक्षस की सहायता ग्रहण की।

प्रचंड हर-धनु को भंग करने से राम की सर्वाधिक शक्तिसंपन्न पुरुष के रूप में ख्याति हो गई थी। वे मर्त्यों में सबसे अधिक बलिष्ठ थे। राक्षसों, दैत्यों तथा अन्य किसी जीवधारी में उनसे लोहा लेने की शक्ति नहीं थी। इसलिए राक्षसराज रावण को सीता का हरण करने के लिए अपनी राक्षसी माया का आश्रय लेना पड़ा। उसने एक अन्य राक्षस की सहायता ग्रहण की। वह राक्षस अत्यंत मायावी था। उसने एक सुंदर सुवर्ण-मृग का रूप धारण किया और राम की पर्णकुटी के सामने सुमनोहर नृत्य एवं अंगभंगी प्रदर्शित कर वह क्रीड़ा करने लगा। सीता उसके लावण्य पर मुग्ध हो गई और उन्होंने राम से उसे पकड़ लाने की प्रार्थना की। राम ने सीता की रक्षा के लिए लक्ष्मण को वहीं छोड़ वन में मृग का पीछा करना शुरू किया। तब लक्ष्मण कुटी के चतुर्दिक् एक मंत्रपूत अग्नि-वृत्त प्रज्वलित कर सीता से बोले, "देवि! मुझे आज कुछ अनिष्ट होने की आशंका हो रही है, इसलिए आप

इस मंत्रपूत अग्नि-वृत्त के बाहर पदार्पण न करें, अन्यथा आपके साथ कुछ अशुभ घटित हो सकता है।"

इधर राम ने अपने एक तीक्ष्ण तीर से उस मायामृग का वध कर दिया और वह तत्काल अपना स्वभाविक रूप धारण कर पंचतत्त्व को प्राप्त हो गया। उसी क्षण पर्णकुटी के समीप राम का यह आर्त स्वर सुनाई पड़ा, "दौड़ो लक्ष्मण, मेरी सहायता के लिए दौड़ो।"

सीता ने यह सुनकर लक्ष्मण से तत्काल राम की सहायतार्थ वन में जाने को कहा।

लक्ष्मण बोले, "देवि! यह रामचंद्र की कंठध्वनि नहीं है।"

किंतु सीता के बार-बार सानुक्रोश अनुरोध करने पर लक्ष्मण राम की खोज में वन की ओर चले गए। उनके जाते ही राक्षसराज रावण साधु-वेश में कुटी के द्वार पर आ खड़ा हुआ और भिक्षा याचना करने लगा। सीता बोलीं, "आप कुछ क्षण प्रतीक्षा करें, तब तक मेरे स्वामी आ जाते हैं, फिर मैं आपको यथेष्ट भिक्षा दूँगी।"

किंतु सीता के बार-बार सानुक्रोश अनुरोध करने पर लक्ष्मण राम की खोज में वन की ओर चले गए। उनके जाते ही राक्षसराज रावण साधु-वेश में कुटी के द्वार पर आ खड़ा हुआ और भिक्षा याचना करने लगा। सीता बोलीं, "आप कुछ क्षण प्रतीक्षा करें, तब तक मेरे स्वामी आ जाते हैं, फिर मैं आपको यथेष्ट भिक्षा दूँगी।"

साधु बोला, "मैं अत्यंत क्षुधार्त हूँ, देवि! एक क्षण भी प्रतीक्षा करने में असमर्थ हूँ। आप मुझे वही दे दें, जो आपके पास है।"

इस पर सीता कुटी में रखे हुए, जो थोड़े-बहुत फल थे, उन्हें बाहर ले आईं। जब छद्मवेशधारी साधु ने देखा कि वे अग्नि-वृत्त के भीतर से ही भिक्षा दे रही हैं तो वह अत्यंत विनयपूर्वक बोला, "देवि! काषायवस्त्रधारी साधुओं से क्या भय! आप बाहर पदार्पण कर सुगमता से भिक्षा प्रदान करें।"

इस अनुनय-विनय और अनुरोध भरी प्रार्थना से प्रभावित होकर ज्यों ही वे अग्नि-वृत्त के बाहर आईं, त्यों ही उस छद्मपूर्ण साधु ने राक्षस-देह में प्रकट होकर सीता को अपने बलवान बाहुओं में उठा लिया। फिर उसने अपने मायारथ का आह्वान किया और रोती हुई सीता को उसमें स्थापित कर वह लंका की ओर पलायन करने लगा। बेचारी नितांत निस्सहाय सीता! उस समय वहाँ कौन था, अतः सीता ने मार्ग में कुछ-कुछ अंतर पर अपने अलंकार गिरा दिए।

रावण सीता को अपने राज्य—लंका में ले गया। उसने सीता से अपनी राजमहिषी का पद सुशोभित करने का अनुरोध किया और अपनी प्रार्थना स्वीकृत कराने के लिए कई प्रकार के भय-प्रलोभनादि दिखाए। किंतु सीता तो स्वयं सतीत्व-धर्म की विग्रहस्वरूप थीं। वे उस दुष्ट से बोलीं तक नहीं। रावण ने क्रुद्ध होकर सीता को दंडित करने के लिए जब तक वे उसकी पत्नी बनना स्वीकृत नहीं करतीं, तब तक उन्हें एक वृक्ष के नीचे दिवा-रात्र निवास करने के लिए बाध्य किया।

रावण सीता को अपने राज्य—लंका में ले गया। उसने सीता से अपनी राजमहिषी का पद सुशोभित करने का अनुरोध किया और अपनी प्रार्थना स्वीकृत कराने के लिए कई प्रकार के भय-प्रलोभनादि दिखाए। किंतु सीता तो स्वयं सतीत्व-धर्म की विग्रहस्वरूप थीं। वे उस दुष्ट से बोलीं तक नहीं।

जब राम और लक्ष्मण को लौटने पर कुटी में सीता नहीं दिखीं तो उनके शोक की सीमा न रही। सीता की क्या दशा हुई है, इसकी वे कल्पना तक न कर पाए। दोनों भ्राता वन के विजन कंटकाकीर्ण मार्गों में सीता की खोज में भटकते रहे, पर सीता का कोई चिह्न न मिलता था। इस प्रकार दीर्घ काल तक वन-वन भटकने के पश्चात् उनकी एक 'वानर' यूथ से भेंट हुई। इन्हीं वानरों में देवांशसंभूत हनुमान थे। कालांतर में ये ही वानरश्रेष्ठ हनुमान राम के अनन्य सेवक बन गए और उन्होंने सीता के उद्धार में राम

की विशेष सहायता की। राम के प्रति हनुमान की भक्ति और श्रद्धा इतनी अनन्य थी कि आज भी हिंदू उन्हें परम गहन सेवाधर्म के आदर्श और प्रभु के अप्रतिम सेवक की भाँति पूजते हैं। यहाँ आप यह स्मरण रखें कि वानरों और राक्षसों से हमारा मतलब है—दक्षिण भारत के आदि निवासी। हाँ, तो इस प्रकार अंत में राम की वानरों से अचानक भेंट हो गई। वे राम से बोले, "हमने आकाश-मार्ग से जाता हुआ एक रथ देखा। उसमें एक राक्षस था, जो एक परम सुंदरी रमणी को बलपूर्वक ले जा रहा था। वह स्त्री अत्यंत करुण विलाप कर रही थी और जब रथ हमारे ऊपर से गया तो हमारा ध्यान आकर्षित करने के लिए उस स्त्री ने अपने रत्नाभरण हमारे पास फेंक दिए।" लक्ष्मण ने उन आभरणों को लेकर कहा, "मुझे ज्ञात नहीं ये किनके हैं।"

राम ने उन्हें देखते ही पहचान लिया और वे बोल उठे, "अरे! ये तो सीता के ही हैं।" लक्ष्मण उन आभरणों को इसलिए नहीं पहचान सके कि भारत के ज्येष्ठ बंधु की भार्या इतनी सम्मानपूर्ण दृष्टि से देखी जाती थीं कि लक्ष्मण ने कभी उनकी बाहुओं एवं ग्रीवा-देश पर दृष्टिपात नहीं किया था।

नाहं जानामि केयूरे, नाहं जानामि कुण्डले।
नूपुरे त्वभिजानामि नित्यं पादाभिवन्दनात्॥

राम ने उन्हें देखते ही पहचान लिया और वे बोल उठे, "अरे! ये तो सीता के ही हैं।" लक्ष्मण उन आभरणों को इसलिए नहीं पहचान सके कि भारत के ज्येष्ठ बंधु की भार्या इतनी सम्मानपूर्ण दृष्टि से देखी जाती थीं कि लक्ष्मण ने कभी उनकी बाहुओं एवं ग्रीवा-देश पर दृष्टिपात नहीं किया था। स्वाभाविकतया उन कंठहारादि को लक्ष्मण नहीं पहचान सके। इस कथा भाग में भारत की उसी प्राचीन प्रथा का आभास पाया जाता है।

तदुपरांत वानरों ने राम को रावण का नाम-धाम तथा पता बताया और वे सब सीता की खोज में राम की सहायता करने लगे।

उन्हीं दिनों वानरराज बालि एवं उनके अनुज सुग्रीव में सिंहासन के लिए विवाद हो रहा था। अमित-शक्तिशाली राम ने सुग्रीव की सहायता की और बालि से राज्य छीनकर उसके न्यायपूर्ण अधिकारी—निर्वासित सुग्रीव को प्रदान कर दिया। सुग्रीव ने कृतज्ञ होकर राम को सहायता का वचन दिया। वानरों ने सारे देश को सीता की खोज में छान डाला, पर उनका कहीं भी पता न चला। अंत में कपि-शार्दूल, पवनसुत हनुमान ने एक ही छलाँग में विशाल उदधि पार कर सीता को खोजने के लिए लंका में प्रवेश किया। किंतु सर्वत्र अन्वेषण कर लेने पर भी सीता कहीं नहीं दिखीं।

आपको ज्ञात होगा, राक्षसराज रावण ने देव-मानवादि सब, यहाँ तक कि सकल ब्रह्मांड पर विजय पा ली थी। उसने विश्व की सुंदर युवतियों को बलपूर्वक अपनी उपपत्नी बना लिया था। हनुमान ने सोचा कि सीता का उसके साथ राजप्रासाद में होना तो असंभव है, क्योंकि ऐसे स्थान में वास करने की अपेक्षा तो वे मृत्यु को ही अधिक श्रेयस्कर समझेंगी।

आपको ज्ञात होगा, राक्षसराज रावण ने देव-मानवादि सब, यहाँ तक कि सकल ब्रह्मांड पर विजय पा ली थी। उसने विश्व की सुंदर युवतियों को बलपूर्वक अपनी उपपत्नी बना लिया था। हनुमान ने सोचा कि सीता का उसके साथ राजप्रासाद में होना तो असंभव है, क्योंकि ऐसे स्थान में वास करने की अपेक्षा तो वे मृत्यु को ही अधिक श्रेयस्कर समझेंगी।

अतएव हनुमान अन्यत्र सीता की खोज करने लगे। अंततोगत्वा उन्होंने सीता को एक वृक्ष के नीचे देखा। कृश-गात्री और पांडु-वर्ण सीता उन्हें क्षितिज में नवोदित प्रतिपदा की शशिकला सी प्रतीत हुईं। हनुमान एक अल्पकाय क्षुद्र वानर का रूप धारण कर उस वृक्ष पर आसीन हो गए। वहाँ से उन्होंने देखा, किस प्रकार रावण द्वारा प्रेषित राक्षसियाँ सीता को नाना प्रकार के भय दिखलाकर वशीभूत करने की चेष्टा कर रही हैं, किंतु सीता दुष्ट रावण के नाम तक को कर्णगोचर न होने देती थीं।

उन लोगों के चले जाने पर हनुमान सीता के समीप जाकर बोले, "देवि! रामचंद्र ने आपके अन्वेषणार्थ मुझे अपना दूत बनाकर भेजा है।" तब हनुमान ने सीता को विश्वास दिलाने के लिए रामप्रदत्त मुद्रा दिखाई। उन्होंने सीता से यह भी विज्ञापित किया कि उनका पता लगते ही राम एक सागर सी विशाल सेना लेकर राक्षस को पराजित करेंगे और उनका उद्धार करेंगे। यह सब निवेदन करने के पश्चात् हनुमान बोले, "देवि, यदि आपको आपत्ति न हो तो मैं अपने सुदृढ़ कंधों पर आपको बिठाकर एक ही छलाँग में विशाल उदधि को लाँघकर राम के पास पहुँचा दूँ।" पर सीता तो स्वयं सतीत्व की प्रतिमा थीं, उन्हें तो परपुरुषस्पर्श की कल्पना तक असह्य थी। इसीलिए वे वहीं रहीं, पर उन्होंने अपने केशों से एक मणि निकालकर राम तक पहुँचाने के लिए हनुमान को दे दी और हनुमान उसे लेकर लौट आए।

हनुमान से सीता का संवाद पाकर राम ने एक सेना संगठित की और उसे लेकर भारत के सुदूर दक्षिण प्रदेश की ओर प्रस्थान किया। वहाँ राम के आज्ञाकारी, स्वामी-भक्त वानरों ने एक विशाल सेतु का निर्माण किया। इसका नाम 'सेतुबंध' है। इससे भारत और लंका की सीमाएँ संलग्न हो गईं। उथले पानी में अब भी भारत से लंका में इन बालुका-स्तूपों की सहायता से जाया जा सकता है।

हनुमान से सीता का संवाद पाकर राम ने एक सेना संगठित की और उसे लेकर भारत के सुदूर दक्षिण प्रदेश की ओर प्रस्थान किया। वहाँ राम के आज्ञाकारी, स्वामी-भक्त वानरों ने एक विशाल सेतु का निर्माण किया। इसका नाम 'सेतुबंध' है। इससे भारत और लंका की सीमाएँ संलग्न हो गईं। उथले पानी में अब भी भारत से लंका में इन बालुका-स्तूपों की सहायता से जाया जा सकता है।

राम ईश्वर के अवतार थे, अन्यथा वे ये सब दुष्कर कार्य कैसे कर

सकते थे? हिंदू उन्हें ईश्वर का अवतार मानकर पूजते हैं। भारतीयों के मतानुसार वे ईश्वर के सातवें अवतार हैं।

सेतु-निर्माण के समय वानरों ने पर्वत-खंड उखाड़-उखाड़कर समुद्र में स्थापित कर दिए और उन्हें विशाल वृक्षों तथा शिलाओं से आच्छादित कर एक प्रचंड सेतु बात-ही-बात में निर्माण कर लिया। कहा जाता है कि एक छोटी सी गिलहरी भी बालुकाराशि में लोट-लोटकर उस सेतु पर दौड़ती और अपना शरीर झाड़कर कुछ सिकताकण वहाँ बिखेर देती। इस प्रकार मिट्टी ला-लाकर वह भी अपनी लघु-शक्ति के अनुसार उस बृहत् सेतु के निर्माण-कार्य में राम की सहायता कर रही थी। वानरगण उसका यह कार्य देखकर हँसने लगे। वे तो विशालकाय पर्वत-खंडों, विस्तृत वन-प्रदेशों और बालुकाराशि को उठा-उठाकर ला रहे थे; इसलिए बालू में लोट-लोटकर संचित किए हुए एक-दो मिट्टी के कणों को विशाल सेतु पर झाड़ती हुई उस गिलहरी का वे उपहास करने लगे। पर जब राम ने गिलहरी के इस उद्यम को तथा वानरों के उपहास को देखा तो वे बोले, "इस अल्पकाय गिलहरी का मंगल हो। यह प्राणपण से अपनी समस्त शक्ति जुटाकर काम कर रही है, इसलिए वह श्रेष्ठ-से-श्रेष्ठ वानर से अंशमात्र भी न्यून नहीं है।" यह कहकर उन्होंने उस गिलहरी की पीठ स्नेहपूर्वक अपने हाथों से थपथपाई। और आज भी राम की उन उँगलियों के चिह्न गिलहरी की पीठ पर दृष्टिगोचर होते हैं।

सेतु-निर्माण के समय वानरों ने पर्वत-खंड उखाड़-उखाड़कर समुद्र में स्थापित कर दिए और उन्हें विशाल वृक्षों तथा शिलाओं से आच्छादित कर एक प्रचंड सेतु बात-ही-बात में निर्माण कर लिया। कहा जाता है कि एक छोटी सी गिलहरी भी बालुकाराशि में लोट-लोटकर उस सेतु पर दौड़ती और अपना शरीर झाड़कर कुछ सिकताकण वहाँ बिखेर देती।

सेतु-निर्माण का कार्य पूर्ण हो जाने पर राम और उनके अनुज लक्ष्मण द्वारा संचालित समस्त वानर-वाहिनी ने सागर पार कर लंका में प्रवेश किया। कई मास तक घमासान युद्ध और भीषण रक्तपात चलता रहा। अंत में विजय श्रीराम की हुई, राक्षसराज रावण युद्ध में पराजित हुआ और उसकी राजधानी एवं उसके स्वर्णनिर्मित राजप्रासादों पर राम का आधिपत्य हो गया। आज भी जब मैं भारत के हृदय-प्रदेश में स्थिर सुदूर ग्रामों में सरल हृदय ग्रामीणों से यह कहता हूँ कि मैंने लंका का भ्रमण किया है तो वे कह उठते हैं, "अहा! रामायण में लिखा है कि वहाँ सोने के महल हैं।" अस्तु।

सेतु-निर्माण का कार्य पूर्ण हो जाने पर राम और उनके अनुज लक्ष्मण द्वारा संचालित समस्त वानर-वाहिनी ने सागर पार कर लंका में प्रवेश किया। कई मास तक घमासान युद्ध और भीषण रक्तपात चलता रहा। अंत में विजय श्रीराम की हुई, राक्षसराज रावण युद्ध में पराजित हुआ और उसकी राजधानी एवं उसके स्वर्णनिर्मित राजप्रासादों पर राम का आधिपत्य हो गया।

रावण के अनुज विभीषण की सहायता से प्रतिदानस्वरूप स्वर्णमयी लंका प्रदान कर राम ने उसे राजसिंहासन पर आरोहित किया।

तदनंतर राम ने लक्ष्मण और सीता सहित लंका से प्रस्थान किया, किंतु इसी समय उनके साथियों एवं अनुयायियों में एक असंतोष की लहर दौड़ पड़ी। लोग सीता की पवित्रता पर संदेह करने लगे। शनैः-शनैः एक सामूहिक आवाज उठी, "परीक्षा! परीक्षा! सीता ने अपनी पवित्रता की परीक्षा नहीं दी है।" राम को यह असह्य था। वे बोले, "सीता स्वयं पातिव्रत्य धर्म की प्रतिमूर्ति हैं, उनकी परीक्षा कैसी?" पर लोग नहीं माने, वे अपनी बात पर अटल रहे। "हमें सीता की पवित्रता का प्रमाण चाहिए, हम परीक्षा चाहते हैं।" राम को जनमत के सामने झुकना पड़ा। निदान एक प्रचंड यज्ञाग्नि

प्रज्वलित की गई और सीता को उसमें प्रवेश करने की आज्ञा हुई। राम शोक से मुह्यमान हो रहे थे, उन्हें आशंका हो रही थी कि अब आमरण सीता का वियोग सहन करना पड़ेगा। किंतु दूसरे ही क्षण सबने विस्मित नयनों से देखा कि स्वयं अग्निदेव प्रकट हो गए हैं और उनके शीर्षस्थित सिंहासन पर वैदही विराजमान हैं। अब सभी संतुष्ट हो गए और चारों ओर आनंदोत्सव मनाया गया।

राम ने जब वनवास के लिए अयोध्या का परित्याग किया था, तब उनके अनुज कैकेयी-सुत भरत अपने ननिहाल में थे। जब उन्हें अयोध्या लौटने पर राम के वनगमन का दुःखद संवाद ज्ञात हुआ तो वे अविलंब अरण्य में राम से मिलने निकल पड़े। उन्होंने राम से पिता के निधन का हृदयविदारक संवाद कहा और उन्हें लौटकर सिंहासनासीन होने की प्रार्थना की। किंतु राम सहमत न हुए। उन्होंने भरत को लौटकर धर्मपूर्वक शासन करने का उपदेश दिया। भरत ने ज्येष्ठ भ्राता के प्रति अपने परम अनुराग और भक्तिभाव के प्रतीकस्वरूप राम की पादुकाएँ सिंहासन पर रख दीं और स्वयं राम के प्रतिनिधि के रूप में राजकार्य सँभालने लगे। जब राम अयोध्या लौट आए तो पुरजन की अनुरोधपूर्ण अभ्यर्थता को स्वीकृत कर सिंहासन पर आरूढ़ हुए।

राम ने जब वनवास के लिए अयोध्या का परित्याग किया था, तब उनके अनुज कैकेयी-सुत भरत अपने ननिहाल में थे। जब उन्हें अयोध्या लौटने पर राम के वनगमन का दुःखद संवाद ज्ञात हुआ तो वे अविलंब अरण्य में राम से मिलने निकल पड़े। उन्होंने राम से पिता के निधन का हृदयविदारक संवाद कहा और उन्हें लौटकर सिंहासनासीन होने की प्रार्थना की।

राज्याभिषेक के अवसर पर राम ने यथाविधान सब व्रत ग्रहण किए, जो प्राचीन भारत में प्रजापालन एवं लोक-कल्याण के लिए आवश्यक

समझे जाते थे। उस युग में राजा, प्रजा का सेवक तथा दास समझा जाता था और उसे सदैव लोकमत का आदर करना पड़ता था, उनके सामने झुकना पड़ता था।

राम पुत्र की भाँति प्रजा का पालन करने लगे। इस प्रकार कुछ ही वर्ष उन्होंने सीता सहित सुखपूर्वक व्यतीत किए थे कि एक लोकापवाद की लहर पुनः उत्थित हुई। गुप्तचरों ने राम को सूचना दी कि प्रजा सीता की पवित्रता पर संदेह करती है, क्योंकि सीता को एक राक्षस ने हरण कर लिया था और वे सागर-पार उसकी नगरी में रही हैं। उन्हें सीता की अग्नि-परीक्षा से संतोष न था। वे चाहते थे कि सबके सामने एक नई परीक्षा ली जाए; नहीं तो सीता देश से निर्वासित कर दी जाएँ।

राम पुत्र की भाँति प्रजा का पालन करने लगे। इस प्रकार कुछ ही वर्ष उन्होंने सीता सहित सुखपूर्वक व्यतीत किए थे कि एक लोकापवाद की लहर पुनः उत्थित हुई। गुप्तचरों ने राम को सूचना दी कि प्रजा सीता की पवित्रता पर संदेह करती है, क्योंकि सीता को एक राक्षस ने हरण कर लिया था और वे सागर-पार उसकी नगरी में रही हैं।

जनता के संतोष-विधानार्थ राम ने कठोर हृदय कर अपनी प्राणप्रिय सीता को देश से निर्वासित होने की आज्ञा दे दी। अयोध्या की महारानी सीता परित्यक्ता होकर विलाप करती हुई विपिन में विचर रही थीं। रोरुद्यमान मैथिली पर महर्षि वाल्मीकि की दृष्टि पड़ी। उनकी करुण कथा सुनकर वे उन्हें अपने आश्रम में ले आए। सीता आसन्नप्रसवा थीं। कालांतर में उन्होंने दो यमज पुत्रों को जन्म दिया। आदिकवि वाल्मीकि ने उन बालकों को उनका यथार्थ परिचय कभी नहीं दिया। उपयुक्त वय प्राप्त होने पर महर्षि ने ब्रह्मचर्य-व्रत ग्रहण करवाकर यथाविधान शिक्षा देना आरंभ किया।

इन्हीं दिनों महर्षि ने 'रामायण' महाकाव्य की रचना की और उसे सुर-ताल से संयोजित कर एक रूपक तैयार किया।

भारत में नाटक एक अत्यंत पवित्र वस्तु समझा जाता था। नाद एवं संगीत की साधना धर्मसाधना मानी जाती थी। लोगों की साधना थी कि कोई भी गीत, चाहे वह प्रेमसंगीत हो या इतर-विषयक, यदि तन्मयतापूर्वक गाया जाए तो उससे अवश्य मुक्तिलाभ होगा। जो फल-निष्पत्ति ध्यान द्वारा प्राप्त होती है, वही संगीत की साधना से भी प्राप्त होती है।

वाल्मीकि ने 'रामायण' पर एक रूपक आधारित किया और राम के दोनों पुत्रों को उसे स्वर-तालपूर्वक गाना और उसका अभिनय करना सिखाया।

भारत में नाटक एक अत्यंत पवित्र वस्तु समझा जाता था। नाद एवं संगीत की साधना धर्मसाधना मानी जाती थी। लोगों की साधना थी कि कोई भी गीत, चाहे वह प्रेमसंगीत हो या इतर-विषयक, यदि तन्मयतापूर्वक गाया जाए तो उससे अवश्य मुक्तिलाभ होगा। जो फल-निष्पत्ति ध्यान द्वारा प्राप्त होती है, वही संगीत की साधना से भी प्राप्त होती है।

भारत के प्राचीन नृपगण अश्वमेधादि बड़े-बड़े यज्ञ किया करते थे, राम ने भी तदनुसार अश्वमेध करने का संकल्प किया। किंतु भारत में किसी गृहस्थ को पत्नी के बिना कोई भी धर्मानुष्ठान करने का अधिकार नहीं है। पत्नी को भारत में सहधर्मिणी का गौरव प्राप्त है। गृहस्थ को शत-शत धार्मिक अनुष्ठान करने होते हैं, किंतु जब तक उसकी सहधर्मिणी उसके साथ बैठकर उनमें योग नहीं देती, तब तक कोई अनुष्ठान विधिपूर्वक अनुष्ठित नहीं माना जाता।

सीता को तो देश-निर्वासन की आज्ञा दी जा चुकी थी, इसलिए लोगों ने राम से पुनः विवाह कर लेने की प्रार्थना की, किंतु राम पुरुषोत्तम और एकपत्नी-व्रतधारी थे। इस समय वे जीवन में पहली बार जनमत के विरोध में खड़े हुए। वे बोले, "यह असंभव है। मेरा जीवन तो सीता को समर्पित हो चुका है।" इसलिए शास्त्र-विधि का आदर रखने के लिए

सीता के स्थान पर उनकी प्रतिनिधिस्वरूप एक स्वर्ण-प्रतिमा आसीन कर दी गई। इस महोत्सव में जनता में धर्मभाव एवं आनंदवर्धन के लिए नाटक और संगीतादि का भी आयोजन किया गया। राम के दोनों अज्ञात पुत्र लव और कुश को साथ लेकर महाकवि महर्षि वाल्मीकि भी इस अवसर पर आए थे। सभास्थल में एक रंगमंच शीघ्र ही निर्मित कर लिया गया था और अन्य आवश्यक आयोजन भी पूर्ण कर लिये गए। सभामंडप में राम और उनके भ्रातृगण, अमात्यवर्ग तथा अयोध्या की संपूर्ण जनता उपस्थित थी। वाल्मीकि के निदेशानुसार लव और कुश ने मधुर स्वरों में रामायण का गान और अभिनय आरंभ किया। सारा जनसमुदाय उनकी वाणी और सुंदरता पर मुग्ध हो गया। राम तो शोकोन्मत्त हो रहे थे और जब वैदेही-वनवास का प्रसंग आया तो वे विह्वल और किंकर्तव्यविमूढ़ हो उठ खड़े हुए।

तब महर्षि ने उनसे कहा, "राजन्, शोकार्त न होइए, मैं इसी क्षण सीता को आपके समक्ष उपस्थित कर देता हूँ।" तब सीता सभा मंच पर लाई गईं और राम अपनी परित्यक्ता पत्नी को पुनः पाकर अतीव हर्षित हुए; किंतु इसी क्षण वही पुराना असंतोष फिर जनता में प्रकट हो गया। 'परीक्षा, परीक्षा' की आवाज आने लगी। दीना सीता पुनः-पुनः अपने शुद्ध चरित्र पर किए गए इस कठोर, अपमानपूर्ण संदेह से इतनी आहत और कातर हो गई थीं कि अब यह उनके लिए असह्य हो गया। वे अपनी पवित्रता का साक्ष्य देने के लिए कातर स्वर में देवगण की प्रार्थना करने लगीं और इसी समय पृथ्वी विभक्त हो गई। सीता ने उच्च स्वर में

तब महर्षि ने उनसे कहा, "राजन्, शोकार्त न होइए, मैं इसी क्षण सीता को आपके समक्ष उपस्थित कर देता हूँ।" तब सीता सभा मंच पर लाई गईं और राम अपनी परित्यक्ता पत्नी को पुनः पाकर अतीव हर्षित हुए; किंतु इसी क्षण वही पुराना असंतोष फिर जनता में प्रकट हो गया। 'परीक्षा, परीक्षा' की आवाज आने लगी।

कहा, "यह लो मेरी परीक्षा!" और सदा के लिए उस विवर में प्रविष्ट हो गईं। पृथ्वी-तनया सीता सदा के लिए अपनी जननी की गोद में सो गईं। इस दु:खांत घटना से लोग अवसन्न हो गए और राम शोक से मुह्यमान हो गए।

सीता के अंतर्धान होने के कुछ दिन पश्चात् देवताओं का एक दूत राम के पास आकर बोला, "प्रभो! पृथ्वी पर आपका कार्य अब पूर्ण हो गया, इसलिए आप स्वधाम वैकुंठ पधारें।" यह संवाद सुनकर राम की निज-स्वरूप-स्मृति जाग्रत् हो गई। अयोध्या की समीपवर्तिनी सरिद्वरा सरयू के जल में देह विसर्जन कर राम वैकुंठ में सीता से मिल गए।

सीता के अंतर्धान होने के कुछ दिन पश्चात् देवताओं का एक दूत राम के पास आकर बोला, "प्रभो! पृथ्वी पर आपका कार्य अब पूर्ण हो गया, इसलिए आप स्वधाम वैकुंठ पधारें।" यह संवाद सुनकर राम की निज-स्वरूप-स्मृति जाग्रत् हो गई। अयोध्या की समीपवर्तिनी सरिद्वरा सरयू के जल में देह विसर्जन कर राम वैकुंठ में सीता से मिल गए।

यह है भारत का महान् आदिकाव्य। राम और सीता भारतीय राष्ट्र के आदर्श हैं। सभी बालक-बालिकाएँ, विशेषत: कुमारियाँ सीता की पूजा करती हैं। भारतीय नारी की उच्चतम महत्त्वाकांक्षा यही होती है कि वह सीता के समान शुद्ध, पतिपरायणा और सर्वसहिष्णु, सर्वंसहा बने! इन महान् पुरुषों के चरित्र का अध्ययन करने पर आपको सहज की प्रतीत होने लगता है कि भारतीय और पाश्चात्य आदर्शों में कितना महान् अंतर है। भारतीय राष्ट्र और समाज के लिए सीता सहिष्णुता के उच्चतम आदर्श के रूप में हैं।

पश्चिम कहता है, "कर्म करो और कर्म द्वारा अपनी शक्ति दिखाओ।" भारत कहता है, "सहिष्णुता द्वारा अपनी शक्ति दिखाओ। दु:ख-कष्टों को सहन करना सीखो।" मनुष्य कितने अधिक भौतिक

पदार्थों, विषयों का स्वामी बन सकता है, इस समस्या की पूर्ति पश्चिम ने की है; किंतु मनुष्य में कितना त्याग करने की क्षमता है, इस प्रश्न का उत्तर भारत ने दिया है। आप देखते हैं कि दोनों आदर्श परस्पर-विरोधी भावों की चरम सीमा है।

सीता भारतीय आदर्श, भारतीय भाव की प्रतिनिधि हैं, मूर्तिमती भारतमाता हैं। सीता वास्तव में जनमी थीं या नहीं, 'रामायण' की कथा किसी ऐतिहासिक तथ्य पर आधारित है या कपोलकल्पित, इन प्रश्नों पर हमें विचार नहीं करना है। किंतु कम-से-कम इतना तो सत्य है कि सहस्त्रों वर्षों से सीता का चरित्र भारतीय राष्ट्र का आदर्श रहा है। ऐसी अन्य कोई पौराणिक कथा नहीं है, जिसने सीता के चरित्र की भाँति पूरे भारतीय राष्ट्र को आच्छादित और प्रभावित किया हो; उसके जीवन में इतनी गहराई तक प्रवेश किया हो, जो जाति की नस-नस में, उसके रक्त की एक-एक बूँद में इतनी प्रवाहित हुई हो। भारतवर्ष में जो कुछ पवित्र है, विशुद्ध है, जो कुछ पावन है, उस सबका 'सीता' शब्द से बोध हो जाता है।

सीता भारतीय आदर्श, भारतीय भाव की प्रतिनिधि हैं, मूर्तिमती भारतमाता हैं। सीता वास्तव में जनमी थीं या नहीं, 'रामायण' की कथा किसी ऐतिहासिक तथ्य पर आधारित है या कपोलकल्पित, इन प्रश्नों पर हमें विचार नहीं करना है। किंतु कम-से-कम इतना तो सत्य है कि सहस्त्रों वर्षों से सीता का चरित्र भारतीय राष्ट्र का आदर्श रहा है।

नारी में जो नारीजनोचित गुण माने गए हैं, 'सीता' शब्द उन सबका परिचायक है। इसलिए जब ब्राह्मण किसी कुलवधू को आशीर्वाद देते हैं तो कहते हैं, 'सीता बनो'। जब किसी बालिका को आशीर्वाद देते हैं तो कहते हैं, 'सीता बनो'। वे सब सीता की संतान हैं। जीवन में उनका एकमेव प्रयत्न यही होता है कि वे सीता बनें, सीता सी शुद्ध, धीर एवं सर्वंसहा,

सीता सी पतिपरायणा और पतिव्रता बनें।

जीवन में सीता ने इतने कष्ट सहे, इतनी वेदनाएँ सहीं, किंतु राम के विरुद्ध उनके मुँह से एक कठोर शब्द तक न निकला, हृदय से एक आह तक न निकली। वे उसे अपना कर्तव्य जानकर सहती जाती हैं, अपने जीवन के करुण नाटक में धैर्यपूर्वक अभिनय करती रहती हैं। सीता का अरण्य-निर्वासन! जरा सोचिए तो, कितना घोर अन्यायपूर्ण, अविचारपूर्ण कार्य था यह! पर सीता ने यह भी सह लिया, उनके हृदय में लेशमात्र भी कटुता उत्पन्न नहीं हुई। यह तितिक्षा ही भारतीय आदर्श है।

भगवान् बुद्ध ने कहा है, "यदि तुम्हें कोई आहत करता है और तुम उसे प्रतिकार में आहत करने के लिए अपना हाथ उठाते हो तो इससे तुम्हारे घाव का आराम नहीं होगा; हाँ, संसार के पापों में एक वृद्धि अवश्य हो जाएगी।" सीता इस भारतीय आदर्श की सच्ची प्रतिनिधि हैं। अत्याचारों के प्रतिशोध का विचार तक उनके हृदय में नहीं आया।

भगवान् बुद्ध ने कहा है, "यदि तुम्हें कोई आहत करता है और तुम उसे प्रतिकार में आहत करने के लिए अपना हाथ उठाते हो तो इससे तुम्हारे घाव का आराम नहीं होगा; हाँ, संसार के पापों में एक वृद्धि अवश्य हो जाएगी।" सीता इस भारतीय आदर्श की सच्ची प्रतिनिधि हैं। अत्याचारों के प्रतिशोध का विचार तक उनके हृदय में नहीं आया।

कौन जानता है, इन दोनों आदर्शों में कौन सत्य और उच्च है—पाश्चात्यों की यह आपात-प्रतीयमान शक्ति एवं चमक-दमक, या प्राच्यों की कष्ट-सहिष्णुता, क्षमा और तितिक्षा?

पश्चिम कहता है, "हम दुःखों का प्रतिकार कर अपनी शक्ति से उन्हें विजित कर उनका नाश करते हैं।" भारत कहता है, "हम भी दुःखों का नाश करते हैं, किंतु उनके प्रतिकार से नहीं, उन्हें सहन करने की

क्षमता उत्पन्न करने से; और धीरे-धीरे यही दुःख व कष्ट हमारे लिए आनंद की वस्तु बन जाते हैं।"

शायद दोनों ही आदर्श महान् हैं; पर कौन जानता है, अंततोगत्वा कौन सा आदर्श जीवित रह सकेगा, किस आदर्श की जय होगी? कौन जानता है, किस आदर्श से मानवजाति का अधिकतर यथार्थ कल्याण संपादित हो सकेगा? किसे ज्ञात है, कौन सा आदर्श मनुष्य की पाशविकता को निर्वीर्य कर उस पर विजय पा सकेगा—सहिष्णुता, क्षमा और तितिक्षा अथवा क्रियाशीलता, शक्ति एवं प्रतिकार?

और इसलिए हमें परस्पर के आदर्श को नष्ट करने की ये घृणित चेष्टाएँ तो छोड़ देनी चाहिए। हम दोनों का लक्ष्य एक ही है—मानव-दुःख निवारण, दुःखों का क्षय और नाश। आप अपनी प्रणाली के अनुसार कार्य करें और हमें अपने अनुसार करने दें। किसी भी आदर्श प्रणाली या मत को उड़ा देने से काम नहीं चलेगा। मैं पश्चिम से यह नहीं कह रहा हूँ कि तुम हमारा मार्ग अपना लो। कभी नहीं। लक्ष्य एक है, किंतु साधनमार्ग सदैव ही भिन्न रहेंगे। इसलिए भारतीयों के आदर्श तथा संस्कृति का यह ज्ञान प्राप्त करने पर मुझे आशा है कि आप भारत को संबोधित कर कहेंगे, "हम जानते हैं, हम दोनों का लक्ष्य एक ही है और इस लक्ष्य तक पहुँचने के हमारे मार्ग भी समान रूप से उपयोगी हैं, इसलिए बंधुओ, तुम अपने आदर्श का अनुकरण करो, अपने लक्ष्य पर चलो। तुम अपने साधनपथ पर प्रस्थान करो, ईश्वर तुम्हारा कल्याण करें।"

और इसलिए हमें परस्पर के आदर्श को नष्ट करने की ये घृणित चेष्टाएँ तो छोड़ देनी चाहिए। हम दोनों का लक्ष्य एक ही है—मानव-दुःख निवारण, दुःखों का क्षय और नाश। आप अपनी प्रणाली के अनुसार कार्य करें और हमें अपने अनुसार करने दें। किसी भी आदर्श प्रणाली या मत को उड़ा देने से काम नहीं चलेगा। मैं पश्चिम से यह नहीं कह रहा हूँ कि तुम हमारा मार्ग अपना लो।

इस जीवन में पूर्व और पश्चिम दोनों को मेरा यही संदेश है कि विभिन्न आदर्शों पर वृथा विवाद न करो। तुम्हारे आदर्श केवल भिन्न प्रतीयमान मात्र होते हैं, वास्तव में तो वे एक ही हैं और इसलिए जीवन के इन ऊँचे-नीचे, टेढ़े-मेढ़े रास्तों में, जीवन की इस चक्करदार भूलभुलैया में मार्गक्रमण करते हुए, परस्पर मंगलकामना करते हुए परस्पर का अभिवादन कर कहें, "ईश्वर तुम्हारी लक्ष्य-सिद्धि में सहायक हो।" *(31 जनवरी, 1900 को कैलिफोर्निया के पैसाडोना में 'शेक्सपियर-सभा' में दिया गया भाषण।)*

□

महाभारत

जिस दूसरे महाकाव्य के संबंध में मैं आज आपके सम्मुख बोलनेवाला हूँ, वह 'महाभारत' है। इसमें दुष्यंत और शकुंतला के पुत्र राजा भरत के वंश का आख्यान वर्णित है। महान् का अर्थ होता है—बड़ा, अर्थात् गौरवसंपन्न और भारत का अर्थ है—भरत के वंशज। वह भरत, जिसके नाम से हमारे देश का नामकरण भारत हुआ है। इसलिए 'महाभारत' शब्द का अर्थ 'महान् भारत देश' या 'भरत के महान् वंशजों का आख्यान' होता है। कुरुओं का प्राचीन राज्य ही इस महाकाव्य की रंगभूमि है और कुरु-पांचालों का महासंग्राम ही कथा की भित्ति है। अतएव युद्ध-प्रभावित क्षेत्र का विस्तार अधिक नहीं है। यह महाकाव्य भारत में सर्वाधिक लोकप्रिय है और भारतीय जीवन पर इसका उतना ही प्रभाव पड़ा है, जितना कि यूनान देश में होमर-प्रणीत काव्य का। ज्यों-ज्यों युगों ने करवटें बदलीं, मूल 'महाभारत' के कलेवर में भी वृद्धि होती गई और अंत में उसके श्लोकों की संख्या एक लाख तक पहुँच गई। नानाविध आख्यायिका-उपाख्यान, पौराणिक गाथाएँ, दार्शनिक निबंध, इतिहास और विविध प्रकार के विविध विषयों पर विचार इत्यादि, समय-समय पर उसमें इतने अधिक संयोजित कर दिए गए हैं कि आज यह एक विशाल, प्रचंडकाय महाग्रंथ बन गया है, परंतु मूल कथा की रूपरेखा इन

सब अवांतर प्रसंगों में भी सुरक्षित रखी गई है।

'महाभारत' की मूल कथा का विषय है—भारत के विशाल साम्राज्य के आधिपत्य के लिए एक ही वंश की दो शाखाओं—कौरवों और पांडवों का युद्ध।

आर्यगण छोटे-छोटे दल बनाकर भारत में आए। धीरे-धीरे आर्य जाति की ये विभिन्न शाखाएँ समूचे देश में इतस्ततः फैलने लगीं तथा वे यहाँ के एकमेव प्रतिद्वंद्वी-विहीन शासक बन गए और अंत में एक ही वंश की दो शाखाओं में साम्राज्यलाभ के लिए यह संघर्ष उठ खड़ा हुआ। आपमें से जिन्होंने 'गीता' का अध्ययन किया है, वे जानते हैं कि उनका प्रारंभ दो युद्धोद्यत सेनाओं द्वारा अधिकृत युद्धक्षेत्र के वर्णन से ही होता है। यही वह महाभारत का संग्राम है।

कुरुवंशीय महाराज विचित्रवीर्य के दो पुत्र थे—ज्येष्ठ धृतराष्ट्र और कनिष्ठ पांडु। धृतराष्ट्र जन्मांध थे। भारतीय स्मृतिशास्त्र के विधानानुसार अंध, खंज, विकलांग, क्षयी या अन्य किसी प्रकार स्थायी-व्याधि-युक्त व्यक्ति पैतृक धन का उत्तराधिकारी नहीं बन सकता, उसे केवल अपने निर्वाह-योग्य खर्च पाने का ही अधिकार है। इसलिए धृतराष्ट्र ज्येष्ठ होने पर भी सिंहासन प्राप्त न कर सके और पांडु ही सम्राट् अभिषिक्त हुए। धृतराष्ट्र के सौ और पांडु के केवल पाँच पुत्र हुए। पांडु के यौवनकाल में ही स्वर्गवास के पश्चात् धृतराष्ट्र कुरुदेश के राजा बने और उन्होंने अपने पुत्रों के साथ ही पांडु के पुत्रों का लालन-पालन किया। पुत्रगण जब वयः प्राप्त हुए तो महान् धनुर्धारी विप्र द्रोणाचार्य को

कुरुवंशीय महाराज विचित्रवीर्य के दो पुत्र थे—ज्येष्ठ धृतराष्ट्र और कनिष्ठ पांडु। धृतराष्ट्र जन्मांध थे। भारतीय स्मृतिशास्त्र के विधानानुसार अंध, खंज, विकलांग, क्षयी या अन्य किसी प्रकार स्थायी-व्याधि-युक्त व्यक्ति पैतृक धन का उत्तराधिकारी नहीं बन सकता, उसे केवल अपने निर्वाह-योग्य खर्च पाने का ही अधिकार है।

उनकी शिक्षा-दीक्षा का भार सौंपा गया और क्षत्रियोचित अस्त्र-विद्या एवं धर्म-शास्त्रों में वे पारंगत हो गए।

राजपुत्रों की शिक्षा समाप्त होने पर धृतराष्ट्र ने पांडवों में ज्येष्ठ युधिष्ठिर को युवराज के पद पर अभिषिक्त किया। युधिष्ठिर की निष्ठा एवं सदाचार तथा उनके भ्रातृवृंद का शौर्य-वीर्य और ज्येष्ठ भ्राता के प्रति उनकी असीम भक्ति देखकर अंध राजा के पुत्रों के हृदय में द्वेषाग्नि प्रज्वलित हो गई और उनमें से ज्येष्ठ दुर्योधन की कुटिलता तथा कौशल से पाँचों पांडुपुत्रों को एक धर्म-महोत्सव में सम्मिलित होने के बहाने वारणावत नगर में आने के लिए छलपूर्वक राजी कर लिया गया। वहाँ दुर्योधन की आज्ञानुसार सन, लाख, तेल, घृत आदि प्रज्वलनशील द्रव्यों से निर्मित एक प्रासाद में उनके निवास की व्यवस्था की गई और कुछ दिनों बाद एक रात को उन जतुगृह को चुपचाप आग लगा दी गई। किंतु धृतराष्ट्र के वैमात्रेय बंधु धर्मात्मा विदुर को दुर्योधन और उसके अनुचरों के दुष्ट हेतु का पता लग गया था और उन्होंने पांडवों को इस षड्यंत्र से सावधान रहने की सूचना दे दी थी। अतः वे आत्मरक्षणार्थ चुपचाप उस जलते हुए गृह से निकल भागे। कौरवों ने लाक्षागृह को जलकर भस्म होते देख संतोष की साँस ली और सोचने लगे कि इतने दिनों बाद अब मार्ग के सब कंटक दूर हो गए। उन्होंने राज्य अपने हाथों में ले लिया। पाँचों पांडव अपनी जननी कुंती को साथ लेकर वन-वन भटकने लगे। वे भिक्षा माँगकर जीवनयापन

युधिष्ठिर की निष्ठा एवं सदाचार तथा उनके भ्रातृवृंद का शौर्य-वीर्य और ज्येष्ठ भ्राता के प्रति उनकी असीम भक्ति देखकर अंध राजा के पुत्रों के हृदय में द्वेषाग्नि प्रज्वलित हो गई और उनमें से ज्येष्ठ दुर्योधन की कुटिलता तथा कौशल से पाँचों पांडुपुत्रों को एक धर्म-महोत्सव में सम्मिलित होने के बहाने वारणावत नगर में आने के लिए छलपूर्वक राजी कर लिया गया।

करते और अपने को ब्रह्मचारी ब्राह्मण बताकर वेश बदले घूमते रहे। वन में उन्हें अनेकानेक कष्टों का सामना करना पड़ा। उन्होंने अनेक रोमांचकारी साहसपूर्ण कृत्य किए। अपने साहस, शौर्य-वीर्य और धैर्य से वे सब विघ्नों पर विजय पाते गए। इस प्रकार जीवन व्यतीत करते-करते एक दिन उन्हें समीपवर्ती पांचाल देश की राजकन्या के स्वयंवर की वार्त्ता ज्ञात हुई।

गतरात्रि मैंने इस स्वयंवर-प्रथा का उल्लेख किया था। इन स्वयंवरों के अवसर पर विभिन्न देशीय राजकुमारगण आमंत्रित किए जाते थे और राजकन्या उनमें से किसी एक को पुष्पमाला अर्पित कर अपना पति निर्वाचित कर लेती थी। अपने आगे-आगे भाट और चारण लेकर, विवाहार्थी राजकुमारी हाथ में पुष्पमाला लेकर राजकुमारों के समीप जाती और उन लोगों के मुख से राजकुमारों की कुल-मर्यादा, रणकौशल आदि की प्रशंसा सुनती। फिर जिसे वह अपना पति मनोनीत करती, उसे पुष्पहार अर्पित कर वह अपनी अभिलाषा प्रकट करती। इसके बाद वह समारोह विवाहोत्सव का रूप ले लेता था।

गतरात्रि मैंने इस स्वयंवर-प्रथा का उल्लेख किया था। इन स्वयंवरों के अवसर पर विभिन्न देशीय राजकुमारगण आमंत्रित किए जाते थे और राजकन्या उनमें से किसी एक को पुष्पमाला अर्पित कर अपना पति निर्वाचित कर लेती थी। अपने आगे-आगे भाट और चारण लेकर, विवाहार्थी राजकुमारी हाथ में पुष्पमाला लेकर राजकुमारों के समीप जाती और उन लोगों के मुख से राजकुमारों की कुल-मर्यादा, रणकौशल आदि की प्रशंसा सुनती।

महाराज द्रुपद पांचाल देश के प्रबल अधिपति थे और उनकी कन्या द्रौपदी के लावण्य, गुण और शील की ख्याति देश-देशांतर में फैली थी। उसी के स्वयंवर का संवाद पांडुपुत्रों को मिला।

स्वयंवर में सदैव कोई-न-कोई प्रण रखा जाता था। किसी विशेष प्रकार के अस्त्र-कौशल्य और शौर्य-प्रदर्शन की शर्त रखी जाती थी तथा उद्वहनाभिलाषी कुमार को अपनी श्रेष्ठता सिद्ध करनी पड़ती थी। इस अवसर पर एक अत्युच्च स्थान पर एक कृत्रिम मत्स्य लक्ष्य के रूप में लटकाया गया; मत्स्य पर एक सतत गतिमान चक्र था, जिसके केंद्र में एक छिद्र था; और उसके नीचे भूमि पर एक जलपात्र रखा गया। अब जलपात्र में मत्स्य का प्रतिबिंब देख, गतिमान चक्र के मध्य-छिद्र में से तीर छोड़कर मत्स्य का चक्षु विद्ध करने में जो सफल होगा, उसी से द्रुपद-सुता का विवाह करने की पांचालराज ने प्रतिज्ञा की थी। राजकुमारी से विवाह-कामना करनेवाले एकत्र राजपुत्रगण प्राणपण से लक्ष्य-वेध करने का प्रयत्न करने लगे, किंतु कोई सफल न हुआ।

भारतवर्ष में वर्ण-व्यवस्था प्रचलित है; कुलपुरोहित अर्थात् ब्राह्मणों का वर्ण श्रेष्ठ माना जाता है, उनके नीचे क्रम से क्षत्रियों—राजाओं और योद्धाओं, वैश्यों—वाणिज्य-व्यवसाय का अवलंबन करनेवालों और शूद्रों या सेवकों की जातियाँ हैं। यह स्पष्ट ही है कि राजकुमारी द्रौपदी का जन्म द्वितीय वर्ण अर्थात् क्षत्रिय कुल में हुआ था।

भारतवर्ष में वर्ण-व्यवस्था प्रचलित है; कुलपुरोहित अर्थात् ब्राह्मणों का वर्ण श्रेष्ठ माना जाता है, उनके नीचे क्रम से क्षत्रियों—राजाओं और योद्धाओं, वैश्यों—वाणिज्य-व्यवसाय का अवलंबन करनेवालों और शूद्रों या सेवकों की जातियाँ हैं। यह स्पष्ट ही है कि राजकुमारी द्रौपदी का जन्म द्वितीय वर्ण अर्थात् क्षत्रिय कुल में हुआ था।

जब सब राजकुमार लक्ष्य-वेधन में असफल हो गए तो महाराजा द्रुपद क्षुब्ध हो सभामंडप में खड़े हो गए और बोले, "क्षत्रिय-कुमार मेरा प्रण पूर्ण न कर सके, अब अन्य जातियों के कुमार प्रतिस्पर्धा में सम्मिलित हो सकते हैं। ब्राह्मणकुमार हो या वैश्य अथवा शूद्रकुलोत्पन्न हो, जो

लक्ष्य-वेध कर देगा, वही द्रौपदी का स्वामी होगा।"

पाँचों पांडव भी ब्राह्मणों में बैठे हुए थे। अर्जुन धनुर्विद्या में पारंगत था। वह उठकर आगे बढ़ा। स्वभावतया ब्राह्मण शांत और नम्र स्वभाव होते हैं। शास्त्रों के आदेशानुसार उनके लिए शस्त्र चलाना और साहसपूर्ण कृत्य करना निषिद्ध है। उनका सारा जीवन चिंतन-अध्ययन, ध्यान-धारणा तथा संयम और इंद्रिय-निग्रह में व्यतीत होता है। इससे सहज ही अनुमान किया जा सकता है कि वे कितने संयत, नम्र और शांत होते हैं। जब उन्होंने अर्जुन को उठते देखा तो उन्हें भय लगा कि उसके इस कार्य से वे सब क्षत्रियों के क्रोधानल में नष्ट हो जाएँगे। इसलिए उन्होंने अर्जुन को अपने इस निश्चय से विचलित करने का प्रयत्न किया। किंतु अर्जुन योद्धा था, उसने उनकी एक न सुनी। उसने धनुष हाथ में उठाया, सहज ही में उसकी प्रत्यंचा चढ़ा ली और चक्र के बीच में से तीर छोड़कर ठीक मत्स्य की आँख पर निशाना लगा दिया।

पाँचों पांडव भी ब्राह्मणों में बैठे हुए थे। अर्जुन धनुर्विद्या में पारंगत था। वह उठकर आगे बढ़ा। स्वभावतया ब्राह्मण शांत और नम्र स्वभाव होते हैं। शास्त्रों के आदेशानुसार उनके लिए शस्त्र चलाना और साहसपूर्ण कृत्य करना निषिद्ध है। उनका सारा जीवन चिंतन-अध्ययन, ध्यान-धारणा तथा संयम और इंद्रिय-निग्रह में व्यतीत होता है।

अब तो चारों ओर हर्ष-सरिता उमड़ पड़ी। राजनंदिनी द्रौपदी ने विजयी धनुर्धारी के समीप आकर उसके वक्ष को उस सुंदर पुष्पमाला से अलंकृत कर दिया। किंतु उपस्थित क्षत्रिय-कुमारों की सभा में एक तुमुल कोलाहल मच गया। वे यह सहन नहीं कर सके कि एक दरिद्र ब्राह्मण उनके सामने विजयी होकर एक क्षत्रिय राजकुमारी का पाणिग्रहण कर ले। वे अर्जुन से युद्ध कर बलपूर्वक द्रौपदी को छीन लेना चाहते थे। पाँचों भाइयों ने सब राजपुत्र-वृंद से घमासान युद्ध किया और विजयनाद करते

हुए नव-वधू को घर ले आए।

ब्राह्मण भिक्षा-वृत्ति द्वारा निर्वाह करते हैं। ब्राह्मण के वेश में निवास करनेवाले पांडव भी घर से निकल भिक्षाटन द्वारा जो प्राप्त कर लाते, उसे माता कुंती को सुपुर्द कर देते और वे ही उसका विभाजन करतीं।

पाँचों भाई राजकुमारी को साथ लेकर माता कुंती के पास कुटी पर लौट आए। वे हर्षोत्फुल्ल हो उन्हें पुकारने लगे, "माताजी, माताजी, आज हम एक अद्‌भुत भिक्षा घर लाए हैं।"

माँ भीतर से ही बोली, "वत्स, पाँचों मिलकर उसका उपभोग करो!"

जब कुंती ने राजकुमारी को देखा तो घबराकर बोली, "अरे, यह क्या? मैंने यह क्या कह दिया? यह तो एक कन्या है!" किंतु अब क्या हो सकता था? जो कुछ माँ ने कह दिया, वह असत्य नहीं हो सकता था। माँ की आज्ञा थी, उसका पालन करना पुत्रों का धर्म था। उन्होंने अब तक मिथ्या भाषण नहीं किया था, इसलिए उनके ये शब्द कैसे मिथ्या किए जा सकते थे? अतः द्रौपदी पाँचों भाइयों की पत्नी बनकर रही।

जब कुंती ने राजकुमारी को देखा तो घबराकर बोली, "अरे, यह क्या? मैंने यह क्या कह दिया? यह तो एक कन्या है!" किंतु अब क्या हो सकता था? जो कुछ माँ ने कह दिया, वह असत्य नहीं हो सकता था। माँ की आज्ञा थी, उसका पालन करना पुत्रों का धर्म था। उन्होंने अब तक मिथ्या भाषण नहीं किया था, इसलिए उनके ये शब्द कैसे मिथ्या किए जा सकते थे? अतः द्रौपदी पाँचों भाइयों की पत्नी बनकर रही।

यह आपको भलीभाँति ज्ञात है कि हर एक जाति के विकास का एक इतिहास होता है और उसमें भिन्न-भिन्न अवस्थाएँ होती हैं। इस महाग्रंथ की पार्श्व-भूमि में हमें उस अतीत की, अति पुरातन काल की एक झलक दिखती है। इस महान् काव्य के लेखक ने पाँचों भाइयों का एक स्त्री से पाणिग्रहण होने की घटना का उल्लेख तो अवश्य किया है, किंतु उस पर

एक परदा डालना चाहा है, उसके लिए एक बहाना, एक कारण खोजने का प्रयत्न किया है। वह कहता है, यह माँ की आज्ञा थी, जो पुत्रों को शिरोधार्य करनी पड़ी। इस विचित्र विवाह के लिए माँ की सम्मति प्राप्त थी, इत्यादि। किंतु आप जानते हैं, हर एक राष्ट्र के विकास-क्रम में एक ऐसी अवस्था अवश्य रही है कि जिसमें बहुभर्तृत्व को मान्यता प्रदान की गई थी, जब एक ही परिवार के सब भ्रातृगण मिलकर एक ही स्त्री के साथ वैवाहिक संबंध स्थापित कर सकते थे। यह घटना उसी बहुभर्तृत्व-युग की एक झलक है।

इधर राजकन्या का सहोदर भ्राता अत्यंत व्यग्र और चिंतित हो रहा था। उसने सोचा, "ये व्यक्ति कौन हैं? मेरी सहोदरा भगिनी से विवाह-सूत्र में बद्ध होनेवाला यह पुरुष किस जाति का है? उनके पास न रथ है, न घोड़े हैं, न और कुछ। उनके पास कोई वाहन भी नहीं है, वे सब पैदल ही यात्रा करते हैं।" यही सब जानने के लिए वह दूर से उनका पीछा करने लगा और रात को उनका वार्त्तालाप सुनकर उसे पूर्ण विश्वास हो गया कि वे क्षत्रिय ही हैं। जब महाराज द्रुपद को यह ज्ञात हुआ तो वे अत्यधिक प्रसन्न हुए।

इधर राजकन्या का सहोदर भ्राता अत्यंत व्यग्र और चिंतित हो रहा था। उसने सोचा, "ये व्यक्ति कौन हैं? मेरी सहोदरा भगिनी से विवाह-सूत्र में बद्ध होनेवाला यह पुरुष किस जाति का है? उनके पास न रथ है, न घोड़े हैं, न और कुछ। उनके पास कोई वाहन भी नहीं है, वे सब पैदल ही यात्रा करते हैं।"

पहले इस विवाह का घोर विरोध हुआ, परंतु महर्षि व्यास ने यह स्पष्ट कर दिया कि ये राजकुमार इस प्रकार विवाह कर सकते हैं। महाराज द्रुपद को इस विवाह से सम्मत होना पड़ा और द्रौपदी पाँचों के साथ विवाहित जीवन व्यतीत करने लगीं।

अब पांडव विघ्न-बाधारहित शांत और सुखी जीवन व्यतीत करने लगे। उनकी शक्ति की उत्तरोत्तर वृद्धि होती रही। दुर्योधन और उसके

अनुचर उनका अंत करने के लिए फिर कई प्रकार के षड्यंत्र रचने लगे, किंतु गुरुजन की नेक और नीतिपूर्ण सलाह शिरोधार्य कर महाराज धृतराष्ट्र को उनसे सुलह करने के लिए बाध्य होना पड़ा। पुरजन की तुमुल हर्षध्वनि के बीच महाराज धृतराष्ट्र ने उन्हें सादर राज्य का आधा हिस्सा प्रदान कर दिया। पाँचों पांडवों ने अपनी राजधानी बनाने के लिए 'इंद्रप्रस्थ' नामक एक सुंदर नगर का निर्माण किया और चारों ओर के मांडलिकों को अपने अधीन कर अपने राज्य का विस्तार कर लिया। ज्येष्ठ बंधु महाराज युधिष्ठिर ने स्वयं को प्राचीन भारत के सभी राजाओं का सम्राट् घोषित करने के लिए 'राजसूय यज्ञ' के आयोजन का निश्चय किया। इस प्रकार के यज्ञ में सभी पराजित राजाओं को यज्ञभूमि में नजराने लेकर आना पड़ता था और फिर वे राजभक्ति की शपथ ग्रहण कर यज्ञ पूर्ण करने में सहयोग देते थे। श्रीकृष्ण भी इस समय तक उनके कुटुंबी और मित्र बन चुके थे। उन्होंने आकर इस निश्चय की प्रशंसा की। किंतु यज्ञपूर्ति में केवल एक ही बाधा थी, जरासंध नामक एक राजा ने एक यज्ञ में सौ राजाओं की आहुति प्रदान करने के हेतु छियासी राजाओं को अपने कारागार में बंद कर लिया था। श्रीकृष्ण ने जरासंध पर चढ़ाई करने की सलाह दी। कृष्ण, भीम और अर्जुन ने जाकर उसे युद्ध के लिए ललकारा। उनका आह्वान स्वीकार कर उसने भीम के साथ मल्लयुद्ध किया और चौदह दिन के अनवरत युद्ध के बाद उससे पराजित हुआ। इस प्रकार से राजागण कारामुक्त कर दिए गए।

पाँचों पांडवों ने अपनी राजधानी बनाने के लिए 'इंद्रप्रस्थ' नामक एक सुंदर नगर का निर्माण किया और चारों ओर के मांडलिकों को अपने अधीन कर अपने राज्य का विस्तार कर लिया। ज्येष्ठ बंधु महाराज युधिष्ठिर ने स्वयं को प्राचीन भारत के सभी राजाओं का सम्राट् घोषित करने के लिए 'राजसूय यज्ञ' के आयोजन का निश्चय किया।

अब चारों भाई अपनी विजय-वाहिनी लेकर चारों दिशाओं में अपनी विजय-पताका फहराने निकले। सभी राजाओं ने महाराज युधिष्ठिर की अधीनता स्वीकार कर ली। लौटकर उन्होंने युद्धार्जित विपुल धन-राशि, यज्ञ में व्यय करने के लिए ज्येष्ठ बंधु के चरणों पर रख दी!

कारामुक्त राजाओं सहित भ्राताओं द्वारा विजित सभी नृपगण राजसूय यज्ञ में सम्मिलित हुए और उन्होंने महाराज युधिष्ठिर का सम्राटोचित सम्मान किया। महाराज धृतराष्ट्र और उनके पुत्रगण भी इस समारोह में आमंत्रित किए गए थे। यज्ञ समाप्त होने पर महाराज युधिष्ठिर सम्राट्-पद पर अभिषिक्त हुए और वे चक्रवर्ती घोषित किए गए। इसी से महान् भावी संग्राम का बीजारोपण हुआ। दुर्योधन का हृदय महाराज युधिष्ठिर के असीम ऐश्वर्य, वैभव, सत्ता और अनंत धनराशि को देखकर क्रोध व ईर्ष्या से जल-भुन गया। वह ईर्ष्या के वश में होकर अपनी कुटिलता और कौशल्य से पाँचों पांडवों के सर्वनाश की कामना करने लगा; क्योंकि शक्ति और बाहुबल से उन्हें जीतना उसकी सामर्थ्य के बाहर था।

अब चारों भाई अपनी विजय-वाहिनी लेकर चारों दिशाओं में अपनी विजय-पताका फहराने निकले। सभी राजाओं ने महाराज युधिष्ठिर की अधीनता स्वीकार कर ली। लौटकर उन्होंने युद्धार्जित विपुल धन-राशि, यज्ञ में व्यय करने के लिए ज्येष्ठ बंधु के चरणों पर रख दी!

राजा युधिष्ठिर को द्यूत-क्रीड़ा प्रिय थी और कुसमय उन्हें दुर्योधन के कुमंत्रणदाता एवं छद्मपूर्ण और कुटिल द्यूत-विद्या-विशारद शकुनि से खेलने का आह्वान किया गया। प्राचीन भारत में जब कभी क्षत्रिय को युद्ध की चुनौती दी जाती थी तो उसे अपने मान-रक्षार्थ सब क्षति सहकर वह चुनौती स्वीकार करनी पड़ती थी। और यदि द्यूत-क्रीड़ा का आह्वान मिलता तो स्वीकार कर लेना, गौरव-रक्षा का एकमेव मार्ग था और उसे अस्वीकृत करना उपहास का पात्र बनना था।

महाभारत में महाराज युधिष्ठिर को 'धर्मराज' तथा सब सद्गुणों की प्रतिमा कहा गया है, परंतु पूर्वोक्त कारण से राजर्षि होते हुए भी उन्हें उस चुनौती को स्वीकार करना पड़ा। शकुनि और उसके साथियों ने नकली पासे बनाए। युधिष्ठिर दावँ-पर-दावँ हारते गए तथा क्षुब्ध, अधीर एवं दैवप्रेरित होकर वे खेलते ही गए और धीरे-धीरे अपनी सारी संपत्ति व राजपाट को दावँ पर लगाकर हार गए। अब खेल के समाप्त होते-होते प्रतिस्पर्धा के पुनराह्वान से उत्तेजित होकर उन्होंने और कुछ पास न बचने पर बारी-बारी से पहले चारों भाइयों को, फिर खुद को और अंत में अनिंदित द्रौपदी को भी दावँ पर लगा दिया और उन्हें हार गए।

महाभारत में महाराज युधिष्ठिर को 'धर्मराज' तथा सब सद्गुणों की प्रतिमा कहा गया है, परंतु पूर्वोक्त कारण से राजर्षि होते हुए भी उन्हें उस चुनौती को स्वीकार करना पड़ा। शकुनि और उसके साथियों ने नकली पासे बनाए। युधिष्ठिर दावँ-पर-दावँ हारते गए तथा क्षुब्ध, अधीर एवं दैवप्रेरित होकर वे खेलते ही गए और धीरे-धीरे अपनी सारी संपत्ति व राजपाट को दावँ पर लगाकर हार गए।

इस प्रकार कौरवों के कुटिल चक्र में फँसकर वे पूर्णतया उनके वशीभूत हो गए। वे अत्यंत अपमानित किए गए और द्रौपदी के साथ भी कौरवों ने अमानुषिक दुर्व्यवहार किया। अंधे राजा के बचाव करने से ही वे अपनी खोई हुई स्वतंत्रता प्राप्त कर सके और उन्हें अपनी राजधानी में लौटकर फिर से शासन-सूत्र ग्रहण करने की अनुमति मिली। दुर्योधन ने देखा, यह तो बड़ी विपदा आ पड़ी। उसने वृद्ध पिता को बाध्य कर एक दावँ और खेल लेने की अनुमति माँग ली एवं यह निश्चित हुआ कि इसमें जो हारेंगे, वे द्वादश वर्षपर्यंत वनवास स्वीकार करेंगे तथा एक वर्ष तक किसी शहर में अज्ञातवास करेंगे; किंतु यदि इस अंतिम वर्ष में उनके निवास-स्थान आदि का पता विजयी पक्ष को लग

गया तो विजित पक्ष को पुनः द्वादश वर्ष का वनवास एवं एक वर्ष का अज्ञातवास अंगीकार करना पड़ेगा और केवल इस अवधि की समाप्ति के पश्चात् ही उन्हें राज्य लौटाया जाएगा।

विधिवशात् युधिष्ठिर यह भी बाजी हार गए और पाँचों पांडवों ने द्रौपदी को साथ लेकर निर्वासित गृहविहीन व्यक्तियों के समान वन का आश्रय लिया। बारह वर्ष तक वे गहन अरण्यों और गिरि-गह्वरों में वास करते रहे। उन्होंने इस अरसे में कई धर्मपूर्ण व वीरोचित कृत्य किए और दीर्घकाल तक तीर्थ-भ्रमण कर पवित्र क्षेत्रों का दर्शन करते रहे। महाभारत का यह अंश-वनपर्व अत्यंत मनोहारी व शिक्षाप्रद है और कितनी ही घटनाओं, आख्यायिकाओं तथा उपाख्यानों से परिपूर्ण है। इसमें प्राचीन भारत के धर्म और दर्शन संबंधी अनेक उदात्त और सुंदर कथाओं का संग्रह है। अनेक महर्षिगण पाँचों भाइयों को उनके दुःख और विपत्ति में सांत्वना देने के लिए आते थे, जिनसे वे इस दुःख के भार तथा वन के कष्टों को सरलता से सहन कर सकें, इस हेतु उन्हें प्राचीन भारत की अपूर्व कथाएँ सुनाते थे। मैं यहाँ उनमें से केवल एक ही कहानी कहूँगा।

अश्वपति नामक एक राजा थे। उनकी कन्या इतनी सुंदर और सुशील थी कि उसका नाम ही 'सावित्री' पड़ गया; सावित्री, जो कि हिंदुओं के एक पावन स्तोत्र का नाम है। युवती होने पर सावित्री के पिता ने उसे अपना पति निर्वाचित करने के लिए कहा।

अश्वपति नामक एक राजा थे। उनकी कन्या इतनी सुंदर और सुशील थी कि उसका नाम ही 'सावित्री' पड़ गया; सावित्री, जो कि हिंदुओं के एक पावन स्तोत्र का नाम है। युवती होने पर सावित्री के पिता ने उसे अपना पति निर्वाचित करने के लिए कहा। प्राचीन भारतीय महिलाएँ, जैसा आपने देखा है, अत्यंत स्वतंत्र थीं और अपना भावी जीवनसाथी स्वयं चुनती थीं।

सावित्री ने पिता की आज्ञा शिरोधार्य कर ली और वह एक स्वर्णखचित रथ पर आरूढ़ हो, पिता द्वारा साथ दिए गए अनुचरों एवं वृद्ध मंत्रियों सहित विभिन्न राजदरबारों में जा-जाकर कई राजकुमारों से भेंट करती रही, किंतु उनमें से कोई भी उसका हृदय आकर्षित न कर सका। अंत में वे लोग तपोवन-स्थित एक पवित्र मुनि-कुटीर में आए। प्राचीन भारत में ऐसे कई वन पशु-पक्षियों के लिए सुरक्षित रख दिए जाते थे, वहाँ पशु-हिंसा निषिद्ध रहती थी। ये वनचर प्राणी सभी प्रकार से भयरहित हो जाते थे, यहाँ तक कि जलाशयों में मछलियाँ भी मनुष्य की हथेली से खाद्यान्न ग्रहण कर लेती थीं। हजारों वर्षों से वहाँ पर किसी ने उन्हें सताया या मारा नहीं था। वहीं संत और वृद्ध जाकर मृगों और विहंगमों के बीच रहते थे। अपराधियों को भी वहाँ कोई भीति नहीं थी। जब मनुष्य जीवन से थक जाता तो वह तपोवन में चला जाता और संत-समागम कर धर्म-चर्चा और ध्यान-जप में अपना शेष जीवन व्यतीत करता।

सावित्री ने पिता की आज्ञा शिरोधार्य कर ली और वह एक स्वर्णखचित रथ पर आरूढ़ हो, पिता द्वारा साथ दिए गए अनुचरों एवं वृद्ध मंत्रियों सहित विभिन्न राजदरबारों में जा-जाकर कई राजकुमारों से भेंट करती रही, किंतु उनमें से कोई भी उसका हृदय आकर्षित न कर सका। अंत में वे लोग तपोवन-स्थित एक पवित्र मुनि-कुटीर में आए।

द्युमत्सेन नामक एक नृपति को उसकी वृद्धावस्था में शत्रुओं ने पराजित कर उसका राज-पाट छीन लिया था। बेचारा राजा इस अवस्था में अपनी आँखें भी खो बैठा। मायूस और बेबस होकर इस वृद्ध अंध राजा ने अपनी रानी एवं पुत्र को साथ लेकर जंगल में शरण ली तथा कठोर व्रतोपवास में अपना जीवन बिताने लगा। उसके पुत्र का नाम 'सत्यवान' था।

दैवयोग से सावित्री सारी राजसभाओं में जाने के बाद इसी तपोवन में आ गई। प्राचीन काल में तपोवननिवासी ऋषियों और महात्माओं के लिए

जन-मन में इतनी श्रद्धा थी कि महान्-से-महान् राजा भी बिना महर्षियों के चरणों में प्रणिपात किए और आशीर्वाद लिये उस ओर से नहीं निकलता था। भारत में एक चक्रवर्ती सम्राट् भी कंद-मूल-फल खाकर, वल्कल धारण कर, किसी वन के कोने में स्थित छोटी सी कुटिया में रहनेवाले किसी ऋषि से अपने वंश का जन्म मानने में हर्ष और गौरव प्रतीत करता है। हम सब ऋषियों की संतान हैं। धर्म का इतना सम्मान और कहाँ हुआ है? यहाँ राजा भी तपोवन से गुजरते समय ऋषियों के चरणों में मस्तक झुकाने को अपना सौभाग्य समझते आए हैं। वे यदि अश्वारोहित रहते हैं तो नीचे उतरकर आश्रम की ओर नंगे पैर जाने लगते हैं। यदि किसी रथ में वे रहते हैं तो तपोवन में प्रवेश करते समय रथ और शास्त्रास्त्र पीछे ही छूट जाते हैं। कोई भी क्षत्रिय योद्धा उन पवित्र आश्रमों में केवल शांतिप्रिय, नम्र और धर्मपरायण नागरिक की भाँति ही जा सकता है, अन्यथा नहीं।

सावित्री ने कुटी में आकर राजतपस्वी सत्यवान के दर्शन किए और मन-ही-मन उसे अपना हृदयेश बनाने का संकल्प कर लिया। राजसभाओं और राजप्रासादों के निवासी राजकुमार जिस सावित्री का मन मोहित न कर सके, उसी का हृदय आज वनवासी द्युमत्सेन के पुत्र सत्यवान ने चुरा लिया।

सावित्री ने कुटी में आकर राजतपस्वी सत्यवान के दर्शन किए और मन-ही-मन उसे अपना हृदयेश बनाने का संकल्प कर लिया। राजसभाओं और राजप्रासादों के निवासी राजकुमार जिस सावित्री का मन मोहित न कर सके, उसी का हृदय आज वनवासी द्युमत्सेन के पुत्र सत्यवान ने चुरा लिया।

सावित्री लौटकर पितृगृह आ गई। पिता ने पूछा, "वत्से बोलो, क्या कोई राजकुमार दिखा, जिससे तुम विवाह करना चाहोगी?"

लज्जा से रक्त कपोल हो सावित्री विनयपूर्वक बोली, "हाँ, पिताजी।"

"तो उस राजकुमार का क्या नाम है?"

"वे युवराज नहीं हैं, राजा द्युमत्सेन के पुत्र हैं, जो अपना राज्य खो चुके हैं। वे एक राजपुत्र हैं, जो राज्य-विहीन हैं और आश्रम में कंद-मूल-फल संग्रह कर वनवासी माता-पिता के साथ तपस्वियों का जीवन व्यतीत करते हैं।"

दैवयोग से महर्षि नारद भी उस समय वहीं उपस्थित थे, इसलिए राजा ने उनकी इस विषय पर सलाह ली। महर्षि ने बताया कि यह निर्वाचन अत्यंत अशुभ और अनिष्टकारक होगा। राजा ने महर्षि से इसका कारण बताने का अनुरोध किया।

महर्षि नारद बोले, "राजन्, आज से एक वर्ष में सत्यवान काल-कवलित हो जाएगा।"

राजा इस अनिष्ट की आशंका से भयग्रस्त हो सावित्री से बोले, "बेटी, सत्यवान का एक वर्ष में देहावसान हो जाएगा और तुम्हें वैधव्य की दारुण यातनाएँ सहनी पड़ेंगी। जरा विचार करो पुत्री, और अपना निश्चय त्याग दो। इस प्रकार के अल्पायु और आसन्नमृत्यु वर से तुम्हारा विवाह किसी दशा में नहीं होगा।"

राजा इस अनिष्ट की आशंका से भयग्रस्त हो सावित्री से बोले, "बेटी, सत्यवान का एक वर्ष में देहावसान हो जाएगा और तुम्हें वैधव्य की दारुण यातनाएँ सहनी पड़ेंगी। जरा विचार करो पुत्री, और अपना निश्चय त्याग दो। इस प्रकार के अल्पायु और आसन्नमृत्यु वर से तुम्हारा विवाह किसी दशा में नहीं होगा।"

इस पर सावित्री ने उत्तर दिया, "कोई चिंता नहीं, पिताजी! आप मुझसे किसी अन्य पुरुष के साथ विवाह-बद्ध होकर अपना मानसिक पावित्र्य नष्ट करने का आग्रह न कीजिए। मैं साहसी और धर्मपरायण सत्यवान से प्रेम करती हूँ और उन्हें अपने मन-ही-मन वरण कर चुकी हूँ। आर्य कन्याओं का विवाह जीवन में एक ही बार होता है और वे कभी संकल्पच्युत नहीं होतीं।"

जब राजा अश्वपति ने देखा कि सावित्री अपने निश्चय पर अटल है तो उन्हें बाध्य होकर सहमत होना पड़ा। सावित्री और सत्यवान विवाह-ग्रंथि में बँध गए और वह अपने पति के साथ रहकर उसके माता-पिता की सेवा करने राजमहल छोड़ वन में चली गई।

सावित्री को अपने पति की मृत्यु की तिथि ज्ञात थी, पर उसने कभी भी उससे इसकी चर्चा न की। रोज वह गहन अरण्य में प्रवेश कर फल-फूल संग्रह करता, ईंधन के लिए लकड़ी के बोझ बाँधता और कुटी पर लौट आता। वह भी भोजन बनाती और वृद्ध दंपती की सेवा में रत रहती। इस प्रकार उनकी जीवनधारा शांत गति से बहती रही और धीरे-धीरे वह दुर्दिन समीप आ गया, जब केवल तीन ही दिन शेष रहे तो सावित्री ने तीन रात्रियों का कठोर व्रतोपवास धारण कर लिया और वह निमिषमात्र भी नहीं सोई। रात भर उसकी आँखों में नींद न थी, उसका हृदय रो रहा था और आर्त-स्वर में वह प्रभु की आराधना करती रही, पर उस भयकारक दिवस का प्रभाव आ ही पहुँचा। उस रोज एक क्षण भी सावित्री ने सत्यवान को अपनी आँखों से ओझल नहीं होने दिया। जब वह ईंधन लाने बाहर जाने लगा तो वह भी माता-पिता से अनुमति की याचना कर उसके साथ-साथ गई। अचानक लड़खड़ाते स्वर में सत्यवान ने मूर्च्छित होते हुए उससे कहा, "प्रिये, मुझे चक्कर आ रहा है, मेरी ज्ञानेंद्रियाँ अवसन्न हो रही हैं, मेरी सारी देह निद्राभिभूत हो रही है, मुझे अपने समीप थोड़ा सा आराम करने दो।"

सावित्री को अपने पति की मृत्यु की तिथि ज्ञात थी, पर उसने कभी भी उससे इसकी चर्चा न की। रोज वह गहन अरण्य में प्रवेश कर फल-फूल संग्रह करता, ईंधन के लिए लकड़ी के बोझ बाँधता और कुटी पर लौट आता। वह भी भोजन बनाती और वृद्ध दंपती की सेवा में रत रहती।

भयाक्रांत हो कंपित स्वर में सावित्री बोली, "मेरे जीवनधन, अपना

सिर मेरी गोद में रखकर विश्राम कीजिए।"

सत्यवान ने अपना ताप-तप्त सिर अपनी पत्नी की गोद में रखा और एक दीर्घ श्वास लेते ही उसके प्राणपखेरू उड़ गए। सावित्री ने उसके शव को हृदय से लगा लिया और अश्रुपूर्ण नयनों से वह उस निर्जन में अकेली बैठी रही।

अब यमदूत सत्यवान की आत्मा को ले जाने वहाँ आए, पर वे उस स्थान पर नहीं जा सके, जहाँ सावित्री अपने मृत पति को गोद में लेकर विलाप कर रही थी। उसके चारों ओर एक अग्निवृत्त सा था, जिसे पार करने की उनमें क्षमता नहीं थी। वे सब वहाँ से भाग खड़े हुए और मृत्युराज यम को सत्यवान की आत्मा लाने में असमर्थ होने का कारण बताने लगे।

अब यमदूत सत्यवान की आत्मा को ले जाने वहाँ आए, पर वे उस स्थान पर नहीं जा सके, जहाँ सावित्री अपने मृत पति को गोद में लेकर विलाप कर रही थी। उसके चारों ओर एक अग्निवृत्त सा था, जिसे पार करने की उनमें क्षमता नहीं थी। वे सब वहाँ से भाग खड़े हुए और मृत्युराज यम को सत्यवान की आत्मा लाने में असमर्थ होने का कारण बताने लगे।

तब मृतात्माओं के न्यायकर्ता स्वयं मृत्युराज यम उस स्थल पर आए। भारतीयों का विश्वास है कि यम आदि-मृतक, अर्थात् इस पृथ्वी पर मृत्युप्राप्त सर्वप्रथम व्यक्ति हैं। वे ही सब मर्त्य प्राणियों के अधिपति-पद पर आसीन हो गए हैं। वे इस बात पर विचार करते हैं कि मरणोत्तर जीवन में किस व्यक्ति को क्या दंड और पारितोषिक दिया जाए।

यम देवता हैं, इसलिए वे सरलतापूर्वक उस अग्नि-चक्र के भीतर प्रवेश कर गए। सावित्री के समीप आकर वे बोले, "पुत्री, इस मृतदेह को छोड़ दो। तुम तो जानती ही हो, सभी प्राणी मृत्युशील हैं। मैं स्वयं आदि-मृतक हूँ और तब से सभी प्राणियों को काल-कवलित होना पड़ता है।

मानव के लिए मृत्यु ही विधि-विधान है।"

यह सुनकर सावित्री कुछ दूर हट गई और यमराम सत्यवान की आत्मा लेकर अपने लोक की ओर जाने लगे। वे थोड़ी ही दूर गए थे कि उन्हें शुष्क पर्ण-राशि पर किसी की चरण-ध्वनि सुनाई दी। पीछे घूमकर उन्होंने देखा तो सावित्री उनके पीछे आ रही थी। उन्होंने कहा, "पुत्री, तुम क्यों व्यर्थ मेरे पीछे आ रही हो? सभी देहधारियों को देह त्याग करना पड़ता है, मृत्यु ही मानव की नियति है।"

सावित्री बोली, "पिताजी, मैं आपका अनुसरण कहाँ कर रही हूँ? यह तो नारी का अदृष्ट ही है कि जिस ओर उसका प्रिय पति जाएगा, वह भी उसी ओर अनुगमन करेगी। और यह सनातन नियम है कि पतिव्रता स्त्री एवं पत्नीव्रत पति में कभी वियोग नहीं होता।"

सावित्री बोली, "पिताजी, मैं आपका अनुसरण कहाँ कर रही हूँ? यह तो नारी का अदृष्ट ही है कि जिस ओर उसका प्रिय पति जाएगा, वह भी उसी ओर अनुगमन करेगी। और यह सनातन नियम है कि पतिव्रता स्त्री एवं पत्नीव्रत पति में कभी वियोग नहीं होता।"

तब मृत्युदेवता प्रसन्न होकर बोले, "पुत्री, अपने पति के जीवन के अतिरिक्त मुझसे कोई भी वर माँग लो।"

सावित्री बोली, "यदि आपकी इतनी कृपा है तो हे मृत्युदेव, मेरे ससुर दृष्टि प्राप्त कर सुखी रहें।"

"तथास्तु पुत्री!" कहकर यमराज सत्यवान की आत्मा लिये मार्ग-क्रमण करने लगे। उन्हें फिर पीछे वैसी ही पद-ध्वनि सुनाई दी। पीछे घूमकर वे बोले, "पुत्री, तुम अब भी मेरा पीछे खिंची चली आ रही हो?"

"हाँ, पितृवर," सावित्री बोली, "मैं बरबस पीछे-पीछे खिंची चली आ रही हूँ। मैं अपनी पूर्ण शक्ति लगाकर लौट जाने का प्रयत्न कर रही हूँ, किंतु मेरा मन मेरे पति के पीछे जा रहा है और शरीर इसका अनुसरण कर रहा है। मेरी आत्मा तो पहले ही चली गई है, क्योंकि मेरे स्वामी की आत्मा

में मेरी भी आत्मा अवस्थित है; और जहाँ आत्मा जाएगी, वहीं शरीर भी जाएगा, यही नियति है।"

इस पर यम बोले, "सावित्री, मैं तुम्हारी वाणी से अत्यंत प्रसन्न हूँ। अपने स्वामी का जीवनदान छोड़कर तुम पुन: एक वर माँगो।"

सावित्री बोली, "पिताजी, यदि आप प्रसन्न हैं तो मेरे ससुर को अपना हारा हुआ राज्य वापस मिल जाए।"

यम बोले, "वत्से, यह वर मैं तुम्हें देता हूँ और अब तुम घर लौट जाओ, क्योंकि यमराज के साथ देहधारी नहीं चल सकते।"

यम फिर चलने लगे; किंतु शीलवती और पतिपरायणा सावित्री ने अब भी अपने मृत पति के पीछे चलना नहीं छोड़ा। यम ने फिर पीछे फिरकर उससे कहा, "हे मनस्विनी, हे सावित्री! इस प्रकार शोकाकुल हो पीछे-पीछे मत आओ।"

यम बोले, "वत्से, यह वर मैं तुम्हें देता हूँ और अब तुम घर लौट जाओ, क्योंकि यमराज के साथ देहधारी नहीं चल सकते।" यम फिर चलने लगे; किंतु शीलवती और पतिपरायणा सावित्री ने अब भी अपने मृत पति के पीछे चलना नहीं छोड़ा। यम ने फिर पीछे फिरकर उससे कहा, "हे मनस्विनी, हे सावित्री! इस प्रकार शोकाकुल हो पीछे-पीछे मत आओ।"

सावित्री बोली, "विवश हूँ, जिधर आप मेरे हृदयधन को ले जाएँगे, उस ओर जाने के सिवाय मेरे पास कोई उपाय ही नहीं है।"

यम बोले, "तब सावित्री यदि तेरा पति पापात्मा रहता और नरकगामी होता, तो क्या तू भी उसके साथ नरकवास करती?"

सावित्री बोली, "नरक हो या स्वर्ग, मृत्यु हो या जीवन, जहाँ मेरे स्वामी रहेंगे, वहाँ जाने में मुझे प्रसन्नता ही होगी।"

यम बोले, "वत्से, तुम्हारी वचनावली अत्यंत मनोहर और धर्म-संगत है। मैं तुम्हारे शब्दों से अत्यंत प्रसन्न हूँ। तुम मुझसे एक वर और

माँग लो, किंतु ध्यान रखो, मृत को जीवनदान नहीं मिला करता।"

"यदि प्रभु की अनुमति है तो मुझे वर दें कि मेरे ससुर का वंश नष्ट न होने पाए और इस राज्य पर सत्यवान का उत्तराधिकार सत्यवान के पुत्रों को प्राप्त हो।"

यमराज मुसकराए और बोले, "पुत्री, तुम्हारी अभिलाषा पूर्ण हो। यह लो सत्यवान की आत्मा, मैं उसे पुनर्जीवन प्रदान करता हूँ। सत्यवान के और तुम्हारे पुत्र ही शासन करेंगे। अब घर लौट जाओ। आज प्रेम ने मृत्यु पर विजय पा ली है। नारीरत्न, तुम्हारा प्रेम अप्रतिम है और तुमने यह सिद्ध कर दिया कि मैं मृत्युदेवता भी शुद्ध, अपरिवर्तनशील प्रेम की शक्ति के सामने निर्बल हूँ।"

पुत्री, तुम्हारी अभिलाषा पूर्ण हो। यह लो सत्यवान की आत्मा, मैं उसे पुनर्जीवन प्रदान करता हूँ। सत्यवान के और तुम्हारे पुत्र ही शासन करेंगे। अब घर लौट जाओ। आज प्रेम ने मृत्यु पर विजय पा ली है। नारीरत्न, तुम्हारा प्रेम अप्रतिम है और तुमने यह सिद्ध कर दिया कि मैं मृत्युदेवता भी शुद्ध, अपरिवर्तनशील प्रेम की शक्ति के सामने निर्बल हूँ।

यही सावित्री की कथा है और हर एक भारत-कन्या की यह आकांक्षा रहती है। वह उस सावित्री के समान बने, जिसके प्रेम ने मृत्यु पर भी विजय पा ली, जिसने सर्वविजयी प्रेम द्वारा मृत्युदेवता यम के पास से भी अपने हृदयेश की आत्मा का छुटकारा करवा लिया।

'महाभारत' ऐसी शत-शत सुंदर कथाओं से भरा पड़ा है। मैंने प्रारंभ में ही यह कह दिया था कि 'महाभारत' का स्थान विश्व के श्रेष्ठतम ग्रंथों में है। उसमें अठारह पर्व तथा प्रायः एक लाख श्लोक हैं। 'महाभारत' की मूलकथा हम पांडवों के वनवास तक कह चुके हैं। वनवास में भी दुर्योधन ने पांडवों का पीछा नहीं छोड़ा, उसका एक भी कुचक्र सफल नहीं हुआ।

अब मैं उनके वनवास जीवन की एक कथा कहूँगा। एक दिन पाँच

भाइयों को जंगल में प्यास लगी। युधिष्ठिर ने अपने भाई नकुल को पानी लाने की आज्ञा दी। वह किसी जलाशय की खोज में निकल पड़ा और शीघ्र ही एक स्वच्छ झील के समीप आ पहुँचा। वह पानी को अपने अधरों से स्पर्श करने ही वाला था कि उसे यह ध्वनि सुनाई दी, "वत्स, ठहरो! पहले मेरे प्रश्नों का उत्तर दो और फिर पानी पीओ।"

किंतु नकुल अत्यंत तृषाकुल था, उसने इन शब्दों की अवज्ञा कर पानी पी लिया और पीते ही वह मृत हो जमीन पर गिर पड़ा। जब नकुल बहुत देर तक नहीं लौटा तो युधिष्ठिर ने सहदेव को उसे खोजने और लौटते समय पानी लेते आने का आदेश दिया। सहदेव भी वहीं पहुँचा और भाई के मृत देह को देखकर शोकविह्वल तथा प्यास से व्याकुल हो वह जल के समीप गया। उसने भी वैसी ही ध्वनि सुनी, "हे वत्स, ठहरो! पहले मेरे प्रश्नों का उत्तर दो और फिर पानी पीओ।"

किंतु नकुल अत्यंत तृषाकुल था, उसने इन शब्दों की अवज्ञा कर पानी पी लिया और पीते ही वह मृत हो जमीन पर गिर पड़ा। जब नकुल बहुत देर तक नहीं लौटा तो युधिष्ठिर ने सहदेव को उसे खोजने और लौटते समय पानी लेते आने का आदेश दिया। सहदेव भी वहीं पहुँचा और भाई के मृत देह को देखकर शोकविह्वल तथा प्यास से व्याकुल हो वह जल के समीप गया।

उसने भी इन शब्दों की अवहेलना की और अपनी प्यास बुझाकर भूमि पर गिर पड़ा। इसके पश्चात् क्रमशः अर्जुन और भीम इसी खोज में भेजे गए। जब कोई भी लौटता नहीं दिखा, तो युधिष्ठिर स्वयं अपने भाइयों की खोज में जाने को उठ खड़े हुए। अंत में उस मनोहर सरोवर के समीप आकर उन्होंने अपने चारों बंधु भूमि पर मरे हुए पाए। यह दृश्य देख उनका हृदय शोक-प्लावित हो गया और वे करुण रुदन करने लगे। अचानक उन्होंने उसी ध्वनि को फिर से कहते हुए सुना, "वत्स, अधीर होकर मूर्खता मत कर बैठना। मैं

एक यक्ष हूँ और सारस के रूप में छोटी मछलियों पर निर्वाह करता हूँ। मेरे ही कारण तुम्हारे बंधुगण यमलोक पहुँचे हैं। राजन्, यदि तुम मेरे प्रश्नों का उत्तर न दोगे तो तुम्हारी भी मृत्यु अवश्यंभावी है। कुंतीपुत्र, पहले मेरे प्रश्नों का उत्तर दो, फिर तुम यथेच्छ जल पीओ और अपने साथ ले जाओ।"

प्रतिक्षण हम प्राणियों को काल-कवलित होते देखते हैं, फिर भी जो जीवित हैं, हम सोचते हैं कि हम कभी नहीं मरेंगे। यही संसार में सर्वाधिक आश्चर्यकारक वस्तु है। मृत्यु के सामने खड़े रहने पर भी किसी को यह विश्वास नहीं है कि वह मर जाएगा।

युधिष्ठिर बोले, "मैं अपनी बुद्धि के अनुसार आपके प्रश्नों का उत्तर दूँगा। आप पूछिए।"

फिर यक्ष ने उनसे कई प्रश्न पूछे, जिनके उन्होंने संतोषप्रद उत्तर दिए। उनमें से एक प्रश्न था, "**किमाश्चर्यम्**?" अर्थात् विश्व में अत्यधिक आश्चर्यकारक वस्तु क्या है? युधिष्ठिर ने उत्तर दिया—

"अहन्यहनि भूतानि गच्छन्ति यममन्दिरम्।
शेषाः स्थिरत्वमिच्छन्ति, किमाश्चर्यमतः परम्॥"

अर्थात् प्रतिक्षण हम प्राणियों को काल-कवलित होते देखते हैं, फिर भी जो जीवित हैं, हम सोचते हैं कि हम कभी नहीं मरेंगे। यही संसार में सर्वाधिक आश्चर्यकारक वस्तु है। मृत्यु के सामने खड़े रहने पर भी किसी को यह विश्वास नहीं है कि वह मर जाएगा।

यक्ष ने एक यह भी प्रश्न पूछा था, "**कः पन्था**?" अर्थात् वह कौन सा मार्ग है, जिसका अनुसरण करने से मानव का यथार्थ कल्याण होगा?

महाराज युधिष्ठिर बोले—

"तर्कोऽप्रतिष्ठाः, श्रुतयो विभिन्नाः,
नासौ मुनिर्यस्य मतं न भिन्नम्।
धर्मस्य तत्त्वं निहितं गुहायां,
महाजनो येन गतः स पन्थाः॥"

अर्थात् तर्क से किसी प्रकार के निश्चय पर नहीं पहुँच सकते, क्योंकि भिन्न-भिन्न मत-मतांतरों के भिन्न-भिन्न तर्क हैं। श्रुतियाँ भी नानाविध परस्पर-विरोधी उपदेश करती हैं। कहीं भी ऐसे दो मुनि नहीं मिलेंगे, जिनमें मतभेद न हो। धर्म का रहस्य, मानो निविड़ तम-पूरित कंदराओं में छिपा है। अतएव महापुरुषों ने जिस मार्ग से प्रयाण किया है, उसी का अनुसरण करना चाहिए।

यक्ष युधिष्ठिर के उत्तर सुन बोला, "राजन्, मैं आपसे अत्यंत प्रसन्न हूँ। मैं सारस रूप में धर्म हूँ और आपकी परीक्षा ले रहा था। देखिए, आपके बंधुगण पूर्ववत् जीवित हैं। वह सब मेरी माया थी। हे भरतर्षभ! आप अर्थ-काम की अपेक्षा अहिंसा को श्रेष्ठ मानते हैं, इसलिए आपके सब बंधुगण जीवित हो उठें।" यक्ष द्वारा इन शब्दों का उच्चारण होते ही चारों पांडव उठ गए।

यक्ष युधिष्ठिर के उत्तर सुन बोला, "राजन्, मैं आपसे अत्यंत प्रसन्न हूँ। मैं सारस रूप में धर्म हूँ और आपकी परीक्षा ले रहा था। देखिए, आपके बंधुगण पूर्ववत् जीवित हैं। वह सब मेरी माया थी। हे भरतर्षभ! आप अर्थ-काम की अपेक्षा अहिंसा को श्रेष्ठ मानते हैं, इसलिए आपके सब बंधुगण जीवित हो उठें।" यक्ष द्वारा इन शब्दों का उच्चारण होते ही चारों पांडव उठ गए।

यहाँ महाराज युधिष्ठिर के स्वभाव और चरित्र की एक झलक दिखाई गई है। उनके उत्तरों से हमें ज्ञात होता है कि वे एक राजा की अपेक्षा एक ज्ञानी, दार्शनिक और योगी ही अधिक थे।

इस समय देश-निर्वासन का तेरहवाँ वर्ष समीप आ रहा था, इसलिए यक्ष ने महाराज युधिष्ठिर को राजा विराट् के राज्य में वेश बदलकर रहने की सम्मति दी।

बारह वर्ष की अवधि व्यतीत होने पर वे एक वर्ष अज्ञातवास के हेतु भिन्न-भिन्न वेश धारण कर विराट् के राज्य में गए और वहाँ उसके

महल में सामान्य भृत्य-कार्य करने लगे। युधिष्ठिर द्यूतक्रीड़ा में चतुर थे, वे दरबार में ब्राह्मण-सभासद बन गए। भीम ने पाचक-कर्म अंगीकार किया। अर्जुन नपुंसक वेश धारण कर राजकन्या उत्तरा को संगीत और नृत्य की शिक्षा देता था और अंतःपुर में निवास करता था। नकुल राजा की अश्वशाला का प्रबंधक नियुक्त हो गया। सहदेव ने गो-पालन का कार्य स्वीकार किया। द्रौपदी भी चेटी या सैरंध्री का वेश धारण कर राजा के अंतःपुर में रहने लगीं। इसी प्रकार छद्म वेश में पाँचों पांडवों ने बारह महीने निर्विघ्न व्यतीत कर दिए और उनके अनुसंधानार्थ किए गए दुर्योधन के प्रयत्न व्यर्थ गए। वर्ष के अंत में ही उनका पता चल सका।

प्रकट होने के पश्चात् युधिष्ठिर ने धृतराष्ट्र के निकट एक राजदूत भेजा और प्रार्थना की कि उनके हिस्से का आधा राज्य उन्हें सौंप दिया जाए। किंतु दुर्योधन पांडवों से द्वेष करता था, उसने इस न्यायपूर्ण माँग की उपेक्षा की। पांडव तो एक प्रांत ही नहीं, बल्कि पाँच गाँव भी स्वीकार करने के लिए राजी थे, किंतु मूर्ख, जिद्दी और उद्धत दुर्योधन ने जवाब दिया कि बिना युद्ध के सूई की नोक बराबर भी भूमि नहीं मिल सकती।

वृद्ध धृतराष्ट्र ने गृहकलह-निवारणार्थ संधि करवाने का प्रयत्न किया, किंतु व्यर्थ। कृष्ण ने भी जाकर इस आसन्न युद्ध और ज्ञाति-नाश को टालने का यत्न किया। भीष्म, द्रोण आदि वृद्ध गुरुजन ने भी शांतिपूर्वक राज्य का विभाजन करने की चेष्टा की, किंतु कोई सफलता न मिली।

वृद्ध धृतराष्ट्र ने गृहकलह-निवारणार्थ संधि करवाने का प्रयत्न किया, किंतु व्यर्थ। कृष्ण ने भी जाकर इस आसन्न युद्ध और ज्ञाति-नाश को टालने का यत्न किया। भीष्म, द्रोण आदि वृद्ध गुरुजन ने भी शांतिपूर्वक राज्य का विभाजन करने की चेष्टा की, किंतु कोई सफलता न मिली। निदान, दोनों ओर युद्ध की तैयारियाँ होने लगीं, विश्व के लड़ाकू राष्ट्रों ने

अपने-अपने पक्षों को सहायता दी और रणभेरी बज उठी।

युद्ध में क्षत्रियों की सभी प्राचीन भारतीय प्रथाओं का पालन किया गया। दुर्योधन ने एक पक्ष ग्रहण किया और युधिष्ठिर ने दूसरा। युधिष्ठिर ने तत्काल ही सभी पार्श्ववर्ती राजाओं को संदेश भेजकर सहायता की याचना की, क्योंकि क्षत्रियों में यह प्रथा थी कि जिसका अनुरोध पहले प्राप्त होता, उसी का पक्ष वे ग्रहण करते थे। इस प्रकार सभी ओर के योद्धाओं ने दोनों दलों के अनुरोध की पूर्वापरता के अनुसार पांडवों और कौरवों का पक्ष ग्रहण किया। एक भाई इस पक्ष की ओर से युद्ध कर रहा था तो दूसरा उस पक्ष की ओर से। एक ओर पिता था, तो दूसरी ओर से पुत्र युद्ध के लिए खड़ा था। तत्कालीन युद्धनीति भी बड़ी अद्‌भुत थी। ज्यों ही युद्धावसान होता और शाम होती, विरोधी दल अपना वैमनस्य भूल जाते तथा मित्रों की भाँति परस्पर के शिविरों में प्रवेश करने लगते। पर सूर्योदय होते ही वे पुनः युद्ध के लिए उद्यत हो जाते थे।

युद्ध में क्षत्रियों की सभी प्राचीन भारतीय प्रथाओं का पालन किया गया। दुर्योधन ने एक पक्ष ग्रहण किया और युधिष्ठिर ने दूसरा। युधिष्ठिर ने तत्काल ही सभी पार्श्ववर्ती राजाओं को संदेश भेजकर सहायता की याचना की, क्योंकि क्षत्रियों में यह प्रथा थी कि जिसका अनुरोध पहले प्राप्त होता, उसी का पक्ष वे ग्रहण करते थे।

यह अद्‌भुत परिपाटी हिंदुओं के चरित्र की दिग्दर्शक है और मुसलमानों के आक्रमणकाल तक उनमें विद्यमान थी। इसी प्रकार एक अश्वारोही किसी पदाति से युद्ध नहीं करता था। विष में बुझे शस्त्रास्त्रों का उपयोग वर्जित था। अप्रामाणिकता से तथा असुविधाओं से त्रस्त शत्रु पर विजय पाना निषिद्ध था। किसी व्यक्ति का अनुचित लाभ उठाना गर्हित समझा जाता था। प्राचीन भारत में युद्ध-संबंधी इस प्रकार के कई नियम थे। इन नियमों का उल्लंघनकर्ता अत्यंत लांछित और अपमानित किया जाता था। क्षत्रियों को जन्म से ही इसी प्रकार की

शिक्षा दी जाती थी और जब मध्य एशिया से विदेशियों का आक्रमण हुआ तो हिंदुओं ने आक्रमणकारियों के साथ इसी प्रकार बरताव किया। उन्होंने उन्हें अनेक बार पराजित किया और उपहारादि प्रदान कर उनको अपने देश भेज दिया। युद्ध का यह नियम था कि किसी देश पर बलपूर्वक अधिकार न किया जाए। परास्त व्यक्तियों का यथायोग्य सम्मान किया जाता था और वे अपनी मातृभूमि में पहुँचा दिए जाते थे। परंतु मुसलमान विजेताओं ने हिंदुओं के साथ विपरीत बरताव किया और उन्हें अपने हाथ में पाने पर नृशंसतापूर्वक नष्ट कर दिया।

इस युद्ध के प्रसंग में हमें एक बात और स्मरण रखनी चाहिए कि 'महाभारत' में कहा गया है कि उन दिनों युद्ध-कला ने इतनी प्रगति कर ली गई थी कि साधारण धनुष-बाण के स्थान पर मंत्र-चलित देवास्त्रों का प्रयोग होता था, जिनमें मंत्र-शक्ति और चित्तवृत्ति की एकाग्रता का विशेष महत्त्व था। एक व्यक्ति शतसहस्त्र व्यक्तियों से युद्ध कर अपनी इच्छाशक्ति के प्रयोग से उन्हें भस्म कर सकता था।

इस युद्ध के प्रसंग में हमें एक बात और स्मरण रखनी चाहिए कि 'महाभारत' में कहा गया है कि उन दिनों युद्ध-कला ने इतनी प्रगति कर ली गई थी कि साधारण धनुष-बाण के स्थान पर मंत्र-चलित देवास्त्रों का प्रयोग होता था, जिनमें मंत्र-शक्ति और चित्तवृत्ति की एकाग्रता का विशेष महत्त्व था। एक व्यक्ति शतसहस्त्र व्यक्तियों से युद्ध कर अपनी इच्छाशक्ति के प्रयोग से उन्हें भस्म कर सकता था। वह एक तीर छोड़कर आकाश में गरजते हुए तीरों की झड़ी लगा सकता था; वह किसी भी वस्तु को भस्म कर सकता था, यह सब देवशक्ति का चमत्कार था। इन दोनों ही महाग्रंथों—'रामायण' और 'महाभारत'—की एक बात और विशेष रूप से उल्लेखनीय है; इन देवास्त्रों के साथ-साथ तोपों के उपयोग का उल्लेख भी हमें मिलता है। तोप एक अत्यंत प्राचीन अस्त्र है, जिसका हिंदू और चीन निवासी सदियों

से उपयोग करते रहे हैं। शहरों की चारदीवारी पर लोहे की पोली नलियों के बने ऐसे सैकड़ों अद्‌भुत अस्त्र चढ़े रहते थे, जिनमें गोला-बारूद भरकर सहस्त्रों मनुष्यों का घात किया जा सकता था। लोगों का विश्वास था कि चीन-निवासी जादू द्वारा पोली नलियों में शैतान को कैद कर लेते थे और नली के मुँह पर जलते अंगारे रखते ही शैतान भयंकर गर्जना करता हुआ आता और सैकड़ों मनुष्यों को नष्ट कर देता था।

इस प्रकार उस युग में लोग मंत्रचालित तीरों से युद्ध करते थे और एक व्यक्ति लाखों सैनिकों से लड़ सकता था। सेना की व्यूहरचना करने का उनका एक अपना अलग विज्ञान था और विभिन्न प्रकार से सैन्यविभाग करने की पद्धतियाँ प्रचलित थीं। उनकी सेनाओं में भी पैदल सैनिक रहते थे, जिन्हें 'पदाति' कहा जाता था; अश्वारोही सेना को 'तुरंग' की संज्ञा दी गई थी। इसके अतिरिक्त दो विभाग और थे, जो संप्रति केवल नामशेष रह गए हैं। एक गजपंक्ति होती थी, जिसमें आरोहियों सहित तथा लोहवर्म-रक्षित सैकड़ों हाथी रहते थे, जो शत्रु-समूह को पैरों तले रौंद डालने का कार्य करते थे। उनकी सेनाओं में रथ भी थे। रथों का प्रयोग सभी देशों में हुआ है, उनके चित्र आपने देखे ही होंगे। इस प्रकार पदाति, तुरंग, हस्ति और रथ—ये उस समय की सेना के चार विभाग थे।

इस प्रकार उस युग में लोग मंत्रचालित तीरों से युद्ध करते थे और एक व्यक्ति लाखों सैनिकों से लड़ सकता था। सेना की व्यूहरचना करने का उनका एक अपना अलग विज्ञान था और विभिन्न प्रकार से सैन्यविभाग करने की पद्धतियाँ प्रचलित थीं। उनकी सेनाओं में भी पैदल सैनिक रहते थे, जिन्हें 'पदाति' कहा जाता था; अश्वारोही सेना को 'तुरंग' की संज्ञा दी गई थी।

दोनों ही पक्ष कृष्ण की अनुकूलता प्राप्त करना चाहते थे; किंतु कृष्ण ने युद्ध में सक्रिय योगदान देने से इनकार कर दिया। वे अर्जुन के

सारथि और पांडवों के मित्र तथा सलाहकार बनने के लिए सहमत हो गए और दुर्योधन को उन्होंने अनेक योद्धाओं से सुसज्जित अपनी सेना प्रदान कर दी।

फिर कुरुक्षेत्र के महान् रणक्षेत्र में उस युद्ध का श्रीगणेश हुआ, जिसमें भीष्म, द्रोण, कर्ण और दुर्योधन के भ्रातृवृंद दोनों ही पक्षावलंबी अनेक कुटुंबीजन और सहस्रों प्रचंड योद्धाओं के साथ काम आए। अठारह दिन तक युद्ध चलता रहा। अठारह अक्षौहिणी सेना में से केवल गिनती के योद्धा ही बच पाए। दुर्योधन की मृत्यु से युद्ध समाप्त हुआ। पांडवों की विजय हुई। इसके पश्चात् कौरव-जननी महारानी गांधारी और विधवा स्त्रियों के करुण विलाप तथा मृतकों के अग्नि-संस्कार का वर्णन है।

महाभारत की सर्वाधिक महत्त्वपूर्ण घटना है 'गीता' की अमर और अद्‍भुत रचना—'भगवद्‍गीता'। 'गीता' भारत का लोकप्रिय धर्मग्रंथ है और उसकी शिक्षा सर्वोदात्त है। इसमें कुरुक्षेत्र में युद्धारंभ के पूर्व अर्जुन और कृष्ण का संवाद लिपिबद्ध किया गया है। जिन्होंने 'गीता' नहीं पढ़ी है, उन्हें मैं उसे पढ़ने की सलाह दूँगा।

महाभारत की सर्वाधिक महत्त्वपूर्ण घटना है 'गीता' की अमर और अद्‍भुत रचना—'भगवद्‍गीता'। 'गीता' भारत का लोकप्रिय धर्मग्रंथ है और उसकी शिक्षा सर्वोदात्त है। इसमें कुरुक्षेत्र में युद्धारंभ के पूर्व अर्जुन और कृष्ण का संवाद लिपिबद्ध किया गया है। जिन्होंने 'गीता' नहीं पढ़ी है, उन्हें मैं उसे पढ़ने की सलाह दूँगा। यदि आप जानते होते कि आपके स्वयं के देश को 'गीता' ने कितना प्रभावित किया है तो आज तक आप उसे बिना पढ़े रह ही नहीं सकते थे। इमर्सन के उच्च भावस्रोत का उद्‍गम यही 'गीता' है। वे एक बार कार्लाइल से मिलने गए। कार्लाइल ने उन्हें 'गीता' भेंट की और कॉन्कोर्ड में जिस उदार दार्शनिक तत्त्व के आंदोलन का प्रारंभ हुआ, उसकी नींव इसी छोटी सी पुस्तक से पड़ी। अमेरिका में जितने उदार भावों

में आंदोलन हैं, वे सभी किसी-न-किसी प्रकार उस कॉन्कोर्ड आंदोलन के ऋणी हैं।

'गीता' के मूलनायक हैं—कृष्ण। जिस प्रकार आप नाजरथ के ईसा मसीह को ईश्वर का अवतार मान उनकी उपासना करते हैं, उसी प्रकार हिंदू भी कई अवतारों की अर्चना करते हैं। वे एक-दो में नहीं, कई अवतारों में विश्वास करते हैं, जिनके रूप में भगवान् विश्व की आवश्यकतानुसार, धर्म-संस्थापनार्थ और दुष्कृतों के विनाश हेतु पृथ्वी पर समय-समय पर प्रकट हुए हैं। भारत में हर एक पंथ का एक-एक अवतार है और कृष्ण उनमें से एक हैं। भारतवर्ष में अन्य अवतारों की अपेक्षा कृष्ण के उपासक गणना में अधिक हैं। उनके उपासकों का विश्वास है कि कृष्ण पूर्णावतार हैं; और शंका करने पर वे कहते हैं कि बुद्ध और अन्य अवतारों की ओर दृष्टिपात कीजिए, वे केवल संन्यासी थे, गृहस्थों के प्रति उनके हृदय में कोई सहानुभूति नहीं थी और होती भी कैसे? पर कृष्ण के जीवन को देखिए—पुत्र, पिता, राजा—सभी दृष्टियों से वे महान् हैं और आजीवन वे अपनी इस महान् शिक्षा को आचरण में लाते रहे—

'गीता' के मूलनायक हैं—कृष्ण। जिस प्रकार आप नाजरथ के ईसा मसीह को ईश्वर का अवतार मान उनकी उपासना करते हैं, उसी प्रकार हिंदू भी कई अवतारों की अर्चना करते हैं। वे एक-दो में नहीं, कई अवतारों में विश्वास करते हैं, जिनके रूप में भगवान् विश्व की आवश्यकतानुसार, धर्म-संस्थापनार्थ और दुष्कृतों के विनाश हेतु पृथ्वी पर समय-समय पर प्रकट हुए हैं।

कर्मण्यकर्म यः पश्येदकर्मणि च कर्म यः।
स बुद्धिमान् मनुष्येषु स युक्तः कृत्स्नकर्मकृत्॥

जो मनुष्य प्रबल कर्मशीलता के बीच रहता हुआ भी नैष्कर्म्य की मधुर शांति का उपभोग करता है और महा निस्तब्धता में भी जो अत्यंत

कर्मशील रह सकता है, उसी ने जीवन के रहस्य को ठीक-ठाक जाना है।

कृष्ण ने इस स्थिति को प्राप्त करने का मार्ग भी बताया है, वह है—अनासक्ति-योग। सभी प्रकार का कर्म करो, किंतु उसमें आसक्त मत होओ। तुम सर्वदा निर्विकार, शुद्ध-बुद्ध और मुक्त आत्मा हो, अलिप्त और साक्षी हो। हमारे दुःख का मूल कर्म नहीं, आसक्ति है। उदाहरणार्थ, अर्थ की ही बात लें। संपत्तिशाली होना बड़ी अच्छी बात है। कृष्ण कहेंगे कि अर्थोपार्जन करो, उसके लिए जी-तोड़ परिश्रम करो, पर उसमें आसक्ति मत रखो। यही भाव संतान, पत्नी, पति, कुटुंबी, ख्याति आदि के संबंध में रखो। उनका त्याग करने की कोई आवश्यकता नहीं है; केवल उनमें आसक्त मत बनो। आसक्ति और अनुराग के भाजन तो केवल भगवान् ही बन सकते हैं, संसार की नश्वर और क्षुद्र वस्तुएँ नहीं। अपने आत्मीयों के लिए परिश्रम करो, उन्हें प्यार करो, उनका हितसंपादन करो, अवसर आने पर उनके लिए अपने जीवन का बलिदान भी कर दो, किंतु उनमें आसक्त मत होओ। कृष्ण का निज का जीवन उनके इस उपदेश का एक उज्ज्वल उदाहरण है।

कृष्ण ने इस स्थिति को प्राप्त करने का मार्ग भी बताया है, वह है—अनासक्ति-योग। सभी प्रकार का कर्म करो, किंतु उसमें आसक्त मत होओ। तुम सर्वदा निर्विकार, शुद्ध-बुद्ध और मुक्त आत्मा हो, अलिप्त और साक्षी हो। हमारे दुःख का मूल कर्म नहीं, आसक्ति है। उदाहरणार्थ, अर्थ की ही बात लें। संपत्तिशाली होना बड़ी अच्छी बात है।

यह स्मरण रहे कि कृष्ण का जीवनचरित्र वर्णन करनेवाला ग्रंथ कई सहस्र वर्ष पुराना है और कृष्ण एवं नाजरथ-निवासी ईसा के जीवन की कुछ घटनाओं में अत्यंत साम्य है। कृष्ण का राजकुल में जन्म हुआ था। कंस नाम का एक अत्याचारी राजा था और एक भविष्यवाणी की गई थी कि उसके स्थान पर अमुक वंश में जन्म-प्राप्त व्यक्ति राजा बनेगा।

इसलिए कंस ने तमाम बालकों के वध की आज्ञा दे दी। कृष्ण के माता-पिता को कंस ने कारागृह में बंद कर दिया था और वहीं उनका जन्म हुआ। उनके जन्म-ग्रहण के समय समस्त कारागार ज्योति से उद्‌भासित हो उठा।

नवजात बालक बोला, "मैं समग्र जीव-जगत् की ज्योति हूँ और विश्वकल्याण के लिए अवतीर्ण हुआ हूँ।"

आप देखेंगे कि कृष्ण को रूपक-स्वरूप गोपालनशील बताया गया है और उनका एक नाम 'गोपाल' है। संतों ने आकर कहा, "साक्षात् भगवान् ने नररूप धारण किया है।" और वे उनका स्तुतिगान करने लगे। श्रीकृष्ण की जीवनलीला के अन्य अंशों में ईसा के जीवन से साम्य नहीं है।

नवजात बालक बोला, "मैं समग्र जीव-जगत् की ज्योति हूँ और विश्वकल्याण के लिए अवतीर्ण हुआ हूँ।" आप देखेंगे कि कृष्ण को रूपक-स्वरूप गोपालनशील बताया गया है और उनका एक नाम 'गोपाल' है। संतों ने आकर कहा, "साक्षात् भगवान् ने नररूप धारण किया है।" और वे उनका स्तुतिगान करने लगे। श्रीकृष्ण की जीवनलीला के अन्य अंशों में ईसा के जीवन से साम्य नहीं है।

कृष्ण ने नृशंस और क्रूर कंस को पराभूत किया, किंतु सिंहासनासीन होकर स्वयं राज करने का विचार तक उनके मन में नहीं आया। उनका इससे लेशमात्र भी संबंध नहीं, उन्हें तो बस अपना कर्तव्य पूर्ण करना था।

युद्ध की समाप्ति के पश्चात् प्रचंड योद्धा भीष्म पितामह, जिन्होंने अठारह दिन में से दस दिन तक युद्ध किया था, अद्यापि शरशय्या पर लेटे, युधिष्ठिर को राजा के कर्तव्य, वर्णाश्रमधर्म, विवाह, दान आदि विषयों पर प्राचीन ऋषियों की शिक्षा पर आधारित उपदेश दे रहे थे। उन्होंने युधिष्ठिर को सांख्य और योग दर्शनों की शिक्षा दी और अनेक उपाख्यान, ऋषि-

मुनियों, राजाओं तथा देवताओं के जीवन के प्रसंग बताए। इन शिक्षाओं से पूर्ण ग्रंथ का प्रायः एक चतुर्थांश भाग भरा है और ये आर्यों की नीति, विधि और कर्तव्य शास्त्र के आधार हैं।

इसी बीच युधिष्ठिर का राज्यारोहण हो गया। व्यास के आदेशानुसार उन्होंने अश्वमेध यज्ञ भी कर लिया, किंतु भीषण रक्तपात और गुरुजन एवं आत्मीयों के नाश का महान् दुःख उन्हें मन-ही-मन रुला रहा था। युद्ध के पश्चात् चौदह वर्ष तक महाराज धृतराष्ट्र शांति और सम्मानपूर्वक जीवित रहे। युधिष्ठिरादि उनकी आज्ञा पिता के समान मानते थे। अब वे वृद्ध राजा युधिष्ठिर को सिंहासन पर छोड़, अपनी पतिपरायणा रानी और पांडव-जननी कुंती को साथ लेकर अपने शेष दिन भगवदाराधना में व्यतीत करने वन में चले गए।

धीरे-धीरे युधिष्ठिर को राज्य मिले छत्तीस वर्ष बीत गए। तब उन्हें कृष्ण के देहत्याग का हृदयविदारक समाचार ज्ञात हुआ। उनके मित्र और सलाहकार कृष्ण, तत्त्ववेत्ता और योगिराज कृष्ण इस संसार में नहीं रहे। अर्जुन शीघ्रता से द्वारका पहुँचे, पर यही दुःखद वार्त्ता लेकर लौटना पड़ा कि कृष्ण और सभी यादव काल-कवलित हो गए हैं।

धीरे-धीरे युधिष्ठिर को राज्य मिले छत्तीस वर्ष बीत गए। तब उन्हें कृष्ण के देहत्याग का हृदयविदारक समाचार ज्ञात हुआ। उनके मित्र और सलाहकार कृष्ण, तत्त्ववेत्ता और योगिराज कृष्ण इस संसार में नहीं रहे। अर्जुन शीघ्रता से द्वारका पहुँचे, पर यही दुःखद वार्त्ता लेकर लौटना पड़ा कि कृष्ण और सभी यादव काल-कवलित हो गए हैं। तब दुःखाभिभूत हो महाराज युधिष्ठिर और उनके बंधु सोचने लगे कि अब उनका भी इस विश्व से प्रस्थान करने का समय समीप आ पहुँचा है। राज्यभार अर्जुन के पौत्र 'परीक्षित' को सौंप महाप्रस्थान करने वे हिमालय पर चले गए। यह संन्यास का एक विशेष प्रकार है। वृद्ध राजाओं में संन्यास ग्रहण करने की प्रथा थी। प्राचीन भारत

में वृद्धावस्था प्राप्त करने पर व्यक्ति सर्वस्व त्यागकर संन्यास ले लेते थे। जीवन के प्रति ममता का अंत हो जाने पर वे निर्जल-अनशन व्रत धारण कर हिमालय की ओर प्रस्थान कर देते थे और देहपातपर्यंत ईश्वरचिंतन करते-करते आगे बढ़ते जाते थे।

अब देवता और ऋषिगण आकर युधिष्ठिर को सशरीर स्वर्ग जाने के लिए कहने लगे। इसके लिए हिमालय के सर्वोच्च शिखर को पार करना आवश्यक हो जाता है। हिमालय के उस पार सुमेरु पर्वत है और उसी के शिखर पर स्वर्ग है। कोई भी वहाँ सदेह प्रवेश नहीं कर सका। वहीं देवताओं के निवास हैं। देवताओं ने युधिष्ठिर को वहीं आमंत्रित किया।

अब देवता और ऋषिगण आकर युधिष्ठिर को सशरीर स्वर्ग जाने के लिए कहने लगे। इसके लिए हिमालय के सर्वोच्च शिखर को पार करना आवश्यक हो जाता है। हिमालय के उस पार सुमेरु पर्वत है और उसी के शिखर पर स्वर्ग है। कोई भी वहाँ सदेह प्रवेश नहीं कर सका। वहीं देवताओं के निवास हैं। देवताओं ने युधिष्ठिर को वहीं आमंत्रित किया।

अत: पाँचों भाइयों और उनकी पत्नी द्रौपदी ने वल्कल परिधान किए और यात्रा आरंभ कर दी। मार्ग में एक कुत्ता उनका अनुगमन करने लगा। वे आगे ही बढ़ते गए, उनके क्लांत और व्यथित पद उत्तर में उस ओर बढ़ रहे थे, जहाँ गिरिराज हिमालय अपने सर्वोत्तम मस्तक पर शुभ हिमाच्छादित शिखरों का मुकुट धारण किए खड़ा है। अब उन्हें सुमेरु गिरि के भी दर्शन होने लगे।

निस्तब्धतापूर्वक वे श्वेत हिम-राशि पर चलते जा रहे थे कि महारानी द्रौपदी अवसन्नदेह हो भूमि पर गिर पड़ी और फिर नहीं उठ सकीं। सबके अग्रसर युधिष्ठिर से भीम ने कहा, "महाराज देखिए, महारानी गिर पड़ी हैं।"

राजा की आँखों से आँसू झर रहे थे, पर उन्होंने पीछे मुड़कर नहीं

देखा। वे केवल इतना ही बोले, "हम अपने आराध्य कृष्ण से मिलने को आतुर हो चले जा रहे हैं, पीछे देखने के लिए समय नहीं है। आगे बढ़ो।"

कुछ देर बाद भीम फिर बोले, "देखिए, सहदेव भी भूमिपतित हो गया है।"

राजा के नयनों से पूर्ववत् आँसुओं की झड़ी लगी थी, पर वे रुके नहीं। उनके होंठों पर वही 'आगे बढ़ो' का आदेश था।

अब क्रमशः नकुल, अर्जुन और भीम का भी उसी शीत व हिम में देहपात हो गया, पर युधिष्ठिर एकाकी होने पर भी अविचलित भाव से अपने लक्ष्य की ओर बढ़ते रहे। पीछे घूमने पर उन्होंने देखा कि वफादार कुत्ता अब भी उनके पीछे-पीछे आ रहा है। खाई-पहाड़ों को पार करते हुए वे उस अनंत हिमराशि पर चढ़ते-चढ़ते अंत में सुमेरु पहाड़ पर पहुँच गए और उन्हें स्वर्ग के संगीत कर्णगोचर होने लगे। धर्मनिष्ठ राजा पर देवताओं ने देवपुष्पों की वृष्टि की। तब देवताओं का रथ उतरा और सुरपति इंद्र ने महाराज से प्रार्थना की, "नरश्रेष्ठ, इस रथ में पधारिए, आपको सदेह स्वर्गगमन का सौभाग्य प्राप्त हुआ है।" किंतु नहीं, युधिष्ठिर अपने स्नेही बंधुओं और महारानी द्रौपदी के बिना यह स्वीकार नहीं कर सके। तब इंद्र ने उन्हें बताया कि उनके भाई पहले ही स्वर्ग में पहुँच गए हैं।

नकुल, अर्जुन और भीम का भी उसी शीत व हिम में देहपात हो गया, पर युधिष्ठिर एकाकी होने पर भी अविचलित भाव से अपने लक्ष्य की ओर बढ़ते रहे। पीछे घूमने पर उन्होंने देखा कि वफादार कुत्ता अब भी उनके पीछे-पीछे आ रहा है। खाई-पहाड़ों को पार करते हुए वे उस अनंत हिमराशि पर चढ़ते-चढ़ते अंत में सुमेरु पहाड़ पर पहुँच गए और उन्हें स्वर्ग के संगीत कर्णगोचर होने लगे।

अब युधिष्ठिर चारों ओर दृष्टिपात कर अपने कुत्ते से बोले, "रथ में चढ़ जाओ, वत्स।"

इंद्र यह सुनकर चकित से रह गए। वे बोले, "क्या वह अधम कुत्ता रथारूढ़ होगा? महाराज, आप विचारशक्ति तो नहीं खो बैठे हैं? आपका क्या आशय है? इस कुत्ते को आपको त्यागना होगा। यह कैसे स्वर्ग जा सकता है? महाराज, आप मनुष्यजाति में सर्वश्रेष्ठ धार्मिक हैं। केवल आप ही सशरीर स्वर्गगमन कर सकते हैं।"

युधिष्ठिर शांत चित्त से बोले, "इसने हिम और शीत में मेरा साथ दिया है। मेरे चारों बंधु एक-एक कर देहत्याग कर गए, राजमहिषी द्रौपदी भी इस लोक से चली गई, पर इस स्वामिभक्त कुत्ते ने मेरा साथ कभी नहीं छोड़ा। मैं भला कैसे इसका त्याग कर सकता हूँ?"

तब इंद्र बोले, "कुत्तों को साथ लानेवाले मानवों के लिए स्वर्ग में कोई स्थान नहीं, इसलिए इस कुत्ते का परित्याग आपको करना ही होगा, इसमें कोई अधर्म नहीं होगा।"

राजा युधिष्ठिर उसी प्रकार दृढ़ होकर बोले, "यदि यह कुत्ता मेरे साथ स्वर्गारोहण नहीं कर सकता तो मुझे भी ऐसे स्वर्ग जाने की कोई लालसा नहीं है। इस देह में प्राण रहते मैं कभी भी ऐसे व्यक्ति का परित्याग नहीं करूँगा, जिसने मेरा आश्रय ग्रहण किया है। स्वर्ग के आनंद का लाभ या किसी देवता की आज्ञा मुझे धर्म के मार्ग से पराङ्मुख नहीं कर सकती।"

यदि यह कुत्ता मेरे साथ स्वर्गारोहण नहीं कर सकता तो मुझे भी ऐसे स्वर्ग जाने की कोई लालसा नहीं है। इस देह में प्राण रहते मैं कभी भी ऐसे व्यक्ति का परित्याग नहीं करूँगा, जिसने मेरा आश्रय ग्रहण किया है। स्वर्ग के आनंद का लाभ या किसी देवता की आज्ञा मुझे धर्म के मार्ग से पराङ्मुख नहीं कर सकती।

यह सुन सुरराज बोले, "केवल एक शर्त पर कुत्ता स्वर्ग में जा सकता है। आप नरश्रेष्ठ हैं, मनुष्यों में सर्वश्रेष्ठ धर्मपरायण हैं और यह एक अधम योनि का जीव मांसभक्षी हिंस्र पशु हैं। यह पापात्मा है, इसका

जीवन हिंसापूर्ण है। आप पुण्यात्मा हैं, आप अपने पुण्यार्जित स्वर्ग का उससे विनिमय कर लें।"

राजा बोले, "सुरराज, मुझे स्वीकार है। कुत्ते को रथारूढ़ कर स्वर्ग में ले जाया जाए।"

युधिष्ठिर के यह वाक्य बोलते ही दृश्य परिवर्तित हो गया। उनके ये उदात्त एवं उदार भाव सुनकर वह कुत्ता अपने यथार्थ रूप में प्रकट हो गया। युधिष्ठिर ने देखा, उनके समक्ष साक्षात् धर्मराज, न्याय और मृत्यु के देवता यम खड़े हैं। यम राजा से बोले, "राजन्, आप सा निस्स्वार्थ व्यक्ति अब तक इस भूमंडल में नहीं जन्मा। आप एक क्षुद्र कुत्ते से अपने पुण्यार्जित स्वर्गभोग का विनिमय करने को तैयार हो गए; इसके लिए अपने समस्त पुण्य का त्याग कर नरक में जाना भी स्वीकार कर लिया। महाराज, आपके जन्मग्रहण से यह वसुधा धन्य हो गई है। हे राजन्, आपका हृदय प्राणिमात्र के लिए स्नेह और करुणा से प्लावित हो रहा है, इसलिए आपने अपने पुण्य प्रभाव से इस सब अनंत आनंदमय लोकों का उपार्जन कर लिया है और स्वर्ग की आपके लिए एकमेव उपयुक्त धाम है।"

आप सा निस्स्वार्थ व्यक्ति अब तक इस भूमंडल में नहीं जन्मा। आप एक क्षुद्र कुत्ते से अपने पुण्यार्जित स्वर्गभोग का विनिमय करने को तैयार हो गए; इसके लिए अपने समस्त पुण्य का त्याग कर नरक में जाना भी स्वीकार कर लिया। महाराज, आपके जन्मग्रहण से यह वसुधा धन्य हो गई है।

तब महाराज युधिष्ठिर इंद्र, यम और अन्य देवताओं के साथ रथारूढ़ होकर स्वर्गारोहण करते हैं। वहाँ उनकी नरकदर्शनादि अन्य कतिपय परीक्षाएँ होती हैं। फिर वे सुरगंगा में स्नान कर, निर्जर देह धारण करते हैं। उनके अमरत्व प्राप्त बंधुओं से उनका स्नेह-मिलन होता है और वे सब आनंद की पराकाष्ठा प्राप्त कर लेते हैं।

इस प्रकार 'महाभारत' के उच्चभावात्मक महाकाव्य में 'धर्म की जय और अधर्म की पराजय' दिखाने के पश्चात् उसकी परिसमाप्ति की गई है।

उपसंहार में मेरे लिए महाप्रतिभा और मनीषा-संपन्न महर्षि व्यास द्वारा वर्णित उन असंख्य महामहिमामय उन्नत और उदात्त महापुरुषों के जीवन का उल्लेख करना भी नितांत असंभव है। धर्मभीरु, किंतु वृद्ध, अंध और निर्बल धृतराष्ट्र के हृदय में चलनेवाला पुत्रप्रेम और कर्तव्य का द्वंद्व; पितामह भीष्म का उदात्त और उन्नत चरित्र; महाराज युधिष्ठिर का उदार तथा धार्मिक स्वभाव और उनके चारों बंधुओं का उन्नत चरित्र, स्वामिनिष्ठा एवं अप्रतिम वीरता; मानवीय ज्ञान की चरम सीमा-प्राप्त श्रीकृष्ण का अद्वितीय व्यक्तित्व और महासती तपस्विनी रानी गांधारी, पुत्रवत्सला कुंती, पतिपरायणा तथा सर्वसहिष्णु द्रौपदी आदि रमणियों के चरित्र, जो पुरुषों से किसी भाँति कम नहीं हैं तथा इस महाग्रंथ और 'रामायण' के अन्य अनगिनत चरित्र नायक विगत सहस्रों वर्ष से समस्त हिंदूजाति की यत्न-संचित जातीय संपत्ति रहे हैं। और उनके विचारों तथा कर्तव्याकर्तव्य तथा नीति संबंधी सिद्धांतों की आधारशिला हैं। यथार्थ में 'रामायण' और 'महाभारत' प्राचीन आर्यजीवन और बुद्धिमत्ता के दो ऐसे ज्ञानकोष हैं, जिनमें एक ऐसी उन्नत सभ्यता का चित्र खींचा गया है, जो मानवजाति को अब भी प्राप्त करती है। *(1 जनवरी, 1900 को कैलिफोर्निया के पैसाडोना की 'शेक्सपियर सभा' में दिया हुआ भाषण।)*

□

जड़ भरत की कथा

प्राचीन काल में भरत नाम के एक महान् प्रतापी सम्राट् भारतवर्ष में राज करते थे। विदेशी लोग जिस देश को 'इंडिया' कहते हैं, उसे देश की संतान 'भारतवर्ष' कहती आई है। हर एक हिंदू के लिए स्मृति का आदेश है कि वृद्धावस्था में पदार्पण करते ही वह सर्वस्व त्यागकर इस संसार का समस्त भार-ऐश्वर्य, धन-संपत्ति अपने पुत्र के लिए छोड़ वनगमन करे और वहाँ अपने यथार्थ स्वरूप आत्मा का चिंतन करते-करते इस संसार के मोहों से मुक्ति प्राप्त करे। राजा और रंक, कृषक एवं किंकर, नर व नारी, सभी इसी प्रकार कर्तव्यबद्ध हैं; क्योंकि गृहस्थ के सारे कार्य—पुत्र, बंधु, पति, पिता, स्त्री, पुत्री, माता और भगिनी सबके कर्तव्य-कर्म केवल उसी एक अवस्था की ओर ले जानेवाले सोपान मात्र हैं, जिसमें मानव के जड़-बंधन चिरकाल के लिए टूट जाते हैं और वह मुक्त हो जाता है।

सम्राट् भरत भी इसी प्रकार अपना राज्य अपने पुत्र को सुपुर्द कर वनवास करने चले गए। जो एक दिन कोटि-कोटि प्रजा पर शासन करते थे, दुग्ध-धवल संगमरमर के सुवर्णमंडित राजप्रासादों में वास करते थे, जो रत्नजड़ित चषकों से मदिरा सेवन करते थे, वे ही आज वन में जाकर अपने ही हाथों से हिमगिरि की तलहटी के निविड़ कांतार में किसी

स्रोतस्विनी के तीर पर घास-फूस की एक छोटी सी कुटी बनाकर निवास करने लगे। अपने परिश्रम से प्राप्त किए हुए कंदमूलों का आहार करते हुए महाराज भरत अपना जीवन उन अंतर्यामी परमात्मा के ध्यान और चिंतन में बिताने लगे, जो हर एक मनुष्य में साक्षी रूप से विद्यमान हैं। इस प्रकार दिन, मास और वर्ष बीतने लगे।

एक दिन जहाँ राजर्षि ध्यानावस्था में बैठे थे, वहीं एक हरिणी पानी पीने आई। इसी क्षण कुछ दूरी पर एक सिंह ने गर्जना की। हरिणी इतनी भयभीत हो गई कि तृष्णा शांत किए बिना ही उसने नदी पार करने के लिए छलाँग लगा दी। हरिणी सगर्भ थी और इस श्रम एवं भय के कारण उसने तत्काल एक शावक प्रसव कर प्राण छोड़ दिए। मृग-शावक नदी में गिर पड़ा और तीव्र जलधारा में बहने लगा। उसी समय राजर्षि भरत की दृष्टि उस पर पड़ी। वे ध्यानावस्था से उठकर उसकी रक्षा करने नदी में कूद पड़े। मृग-शावक को कुटी में ले जाकर उन्होंने अग्नि प्रदीप्त की और अपनी स्नेहपूर्ण हथेलियों से सहला-सहलाकर उसकी मूर्च्छा दूर की। करुणाविह्वल हो राजर्षि ने शावक की रक्षा का भार अपने ऊपर ले लिया और स्वयं ही हरित तृण संग्रह कर उसका लालन-पालन करने लगे। वनवासी राजा का पितृवत् स्नेह पाकर मृग-शावक दिन-प्रति-दिन बड़ा हो एक सुंदर हरिण बन गया और राजर्षि, जिन्होंने जीवन के संपूर्ण मोह, अधिकार, संपदा और कौटुंबिक स्नेह के बंधनों से मुक्ति प्राप्त कर ली थी, सरिता जल से उद्धार किए हुए इस मृग-शावक के मोहपाश में

एक दिन जहाँ राजर्षि ध्यानावस्था में बैठे थे, वहीं एक हरिणी पानी पीने आई। इसी क्षण कुछ दूरी पर एक सिंह ने गर्जना की। हरिणी इतनी भयभीत हो गई कि तृष्णा शांत किए बिना ही उसने नदी पार करने के लिए छलाँग लगा दी। हरिणी सगर्भ थी और इस श्रम एवं भय के कारण उसने तत्काल एक शावक प्रसव कर प्राण छोड़ दिए।

बद्ध हो गए। ज्यों-ज्यों वे उससे अधिकाधिक स्नेह करने लगे, त्यों-त्यों उनका ईश्वर-चिंतन और उपासना कम होती गई। जब हरिण वन में चरने चला जाता और उसके लौटने में कुछ विलंब हो जाता तो राजर्षि चिंतातुर और दु:खी होने लगते। वे सोचते कि कहीं मेरे प्यारे मृग-शावक पर किसी सिंह ने आक्रमण तो नहीं कर दिया, उसका कुछ अनिष्ट तो नहीं हो गया, उसे आज क्यों इतनी देर हो गई ?

इस प्रकार कुछ वर्ष बीत गए और राजर्षि का मृत्युकाल समीप आ गया। मरणासन्न होने पर भी उनका मन आत्मचिंतन में मग्न न था। वे हरिण के विषय में सोच रहे थे और अपने प्रिय शावक की शोकविह्वल आँखों पर दृष्टि स्थिर रखते हुए ही वे परलोकवासी हो गए। फलस्वरूप उन्हें मृगरूप धारण कर पुनर्जन्म ग्रहण करना पड़ा। किंतु कर्म नष्ट नहीं होता है, पूर्वजन्म के सुकृतों का फल उन्हें प्राप्त हुआ। यह हरिण जन्मत: ही जातिस्मर था और यद्यपि वह वाचाहीन एवं चतुष्पाद था, उसे अपने पूर्वजन्म की सब घटनाएँ स्मरण थीं। वह अपने सहचरों का साथ छोड़ स्वभावत: ही तपोवनों के समीप चरने जाता, जहाँ यज्ञ-होम और उपनिषद्-पाठ होते रहते थे।

इस प्रकार कुछ वर्ष बीत गए और राजर्षि का मृत्युकाल समीप आ गया। मरणासन्न होने पर भी उनका मन आत्मचिंतन में मग्न न था। वे हरिण के विषय में सोच रहे थे और अपने प्रिय शावक की शोकविह्वल आँखों पर दृष्टि स्थिर रखते हुए ही वे परलोकवासी हो गए।

आयु पूर्ण होने पर मृगरूपी भरत ने पंचत्व प्राप्त किया और पुन: एक धनसंपन्न ब्राह्मण के कनिष्ठ पुत्र के रूप में जन्म लिया। इस जीवन में भी उन्हें अपने पूर्वजन्म का विस्मरण नहीं हुआ था और उन्होंने अपने बाल्यकाल में ही जीवन के पाप-पुण्य के पाशों से दूर रहने का निश्चय कर लिया। वय: प्राप्त होने पर बालक स्वस्थ व बलवान हो गया, पर

वह एक शब्द भी नहीं बोलता था और संसार के मोह–मायापूर्ण व्यापारों में न फँसने के लिए वह जड़–मूढ़ और पागल सा रहने लगा। उसके हृदय में सदा अनंत ब्रह्मचिंतन चला करता था और अपने प्रारब्ध–कर्म क्षय करने के लिए ही वह जीवन बिता रहा था। कालक्रम में उसके पिता की मृत्यु हो गई और पुत्रों ने परस्पर संपत्ति का बँटवारा कर लिया। कनिष्ठ बंधु को मूक और अकर्मण्य समझकर उसका भी हिस्सा वे निगल गए। वे उसे केवल जीवन–निर्वाहार्थ अन्न प्रदान कर देते थे। बस केवल यहीं तक उनका उस पर अनुग्रह था। उसकी भाभियाँ भी सदैव उससे अत्यंत कर्कश व्यवहार करती थीं। वे उससे सारे कठिन काम करवातीं और यदि वह उनकी इच्छानुसार काम नहीं करता तो उससे अत्यंत कठोर व्यवहार करतीं। किंतु वह न तो कभी चिढ़ा और न डरा; एक शब्द भी न बोलते हुए धैर्यपूर्वक सब सहता गया। जब वे उसे बहुत तंग करतीं तो वह घर से दूर जाकर एक वृक्ष के नीचे भाभियों का क्रोध शांत होने तक बैठा रहता और फिर चुपचाप घर लौट आता।

एक दिन उसकी भाभियों ने उसके प्रति अत्यंत नृशंस व्यवहार किया। भरत बिना कुछ बोले घर से निकल गए और किसी वृक्ष की छाया तले विश्राम करने लगे। दैवयोग से उस देश का राजा उसी मार्ग से पालकी पर बैठा जा रहा था। पालकी ढोनेवाले कहारों में से एक अचानक ही अस्वस्थ हो गया, इसलिए उसके भृत्यगण रिक्त स्थान की पूर्ति के लिए किसी मनुष्य की खोज में इधर–उधर देख रहे थे।

एक दिन उसकी भाभियों ने उसके प्रति अत्यंत नृशंस व्यवहार किया। भरत बिना कुछ बोले घर से निकल गए और किसी वृक्ष की छाया तले विश्राम करने लगे। दैवयोग से उस देश का राजा उसी मार्ग से पालकी पर बैठा जा रहा था। पालकी ढोनेवाले कहारों में से एक अचानक ही अस्वस्थ हो गया, इसलिए उसके भृत्यगण रिक्त स्थान की पूर्ति के लिए

किसी मनुष्य की खोज में इधर-उधर देख रहे थे। वृक्ष के नीचे बैठे भरत को देखकर वे वहाँ आए और उन्हें हट्टा-कट्टा देखकर बोले, "राजा का एक शिविकावाहक अस्वस्थ हो गया है। क्या तुम उसके स्थान पर काम करोगे?"

भरत कुछ न बोले। उन्हें इतना स्वस्थ देखकर राजा के भृत्यों ने उन्हें बलपूर्वक पकड़ लिया और पालकी ढोने को बाध्य किया। भरत भी निःशब्द शिविकावहन करने लगे। किंतु शीघ्र ही राजा ने देखा कि पालकी की गति और दिशा सम नहीं है। पालकी में से झाँककर राजा नए वाहक को संबोधन कर बोला, "अरे मूर्ख! जा आराम कर। यदि तेरे कंधे दुख रहे हैं तो थोड़ा सा आराम कर।"

हे राजन्, आप किसे मूर्ख कह रहे हैं? किसे आप शिविका नीचे रखने का आदेश दे रहे हैं? आप किसे क्लांत कह रहे हैं? किसे 'तू' कह संबोधन कर रहे हैं? राजन्, यदि 'तू' से आपका अर्थ यह मांस-पिंड है तो यह इसी पदार्थ से बना है, जिससे आपकी देह। यह अचेतन और जड़ है, इसे थकावट और पीड़ा का कैसे ज्ञान होगा?

तब भरत ने पालकी नीचे रख जीवन में प्रथम बार अपना मौन भंग किया और बोले, "हे राजन्, आप किसे मूर्ख कह रहे हैं? किसे आप शिविका नीचे रखने का आदेश दे रहे हैं? आप किसे क्लांत कह रहे हैं? किसे 'तू' कह संबोधन कर रहे हैं? राजन्, यदि 'तू' से आपका अर्थ यह मांस-पिंड है तो यह इसी पदार्थ से बना है, जिससे आपकी देह। यह अचेतन और जड़ है, इसे थकावट और पीड़ा का कैसे ज्ञान होगा? यदि आपका अर्थ मन है तो यह आपके मन जैसा ही है; यह सर्वव्यापी है। किंतु 'तू' शब्द से आपका लक्ष्य इससे भी परे किसी वस्तु से है तो वह केवल आत्मतत्त्व ही हो सकता है, जो मेरा यथार्थ स्वरूप है, जिसकी सत्ता आप में भी है और जो विश्व में 'एकमेवाद्वितीय' है। राजन्, क्या आप सोचते हैं

कि आत्मा कभी क्लांत भी होती है ? क्या आप कहना चाहते हैं कि आत्मा कभी आहत भी होती है ? राजन्, मैं (यह शरीर) धरती पर रेंगनेवाले इन कीड़ों को पैरों तले कुचलना नहीं चाहता था, इसलिए उनकी रक्षा के यत्न में पालकी की गति विषम हो गई थी। किंतु आत्मा कभी क्लांत एवं व्यथित नहीं होती; उसे कभी दुर्बलता प्रतीत नहीं होती और न उसने शिविका-भार ही वहन किया, क्योंकि आत्मा तो सर्वशक्तिमान और सर्वव्यापी है।"

इस प्रकार भरत ने आत्मा का स्वरूप, पराविद्या आदि विषयों पर ओजस्विनी वाणी में बड़ी देर तक विवेचन किया। अपने ज्ञान और विद्वत्ता का राजा को अत्यंत अभिमान था; पर भरत के शब्द सुनकर उनका गर्व चूर्ण हो गया। पालकी से उतरकर उसने भरत के चरणों में प्रणाम किया और बोला, "महाभाग, मुझे क्षमा करें; आपको शिविकावहन में नियुक्त करते समय मैं नहीं जानता था कि आप एक सिद्धपुरुष हैं।"

इस प्रकार भरत ने आत्मा का स्वरूप, पराविद्या आदि विषयों पर ओजस्विनी वाणी में बड़ी देर तक विवेचन किया। अपने ज्ञान और विद्वत्ता का राजा को अत्यंत अभिमान था; पर भरत के शब्द सुनकर उनका गर्व चूर्ण हो गया।

भरत राजा को आशीर्वाद दे विदा हो गए और उन्होंने पुनः पूर्ववत् जीवन-यात्रा शुरू कर दी। देह-त्याग करने पर भरत आवागमन के बंधनों से मुक्त हो गए। *(कैलिफोर्निया में दिया हुआ भाषण।)*

□

प्रह्लाद-चरित

हिरण्यकशिपु दैत्यों का राजा था। देव और दैत्य यद्यपि एक ही पिता की संतान थे, तथापि वे सदैव परस्पर युद्ध-संलग्न रहते थे। दैत्यों को मानवजन-प्रदत्त यज्ञ-भाग अथवा जगत् के शासन का कोई अधिकार न था। किंतु कभी-कभी वे अत्यंत प्रबल हो जाते और देवताओं को स्वर्ग से बाहर निकाल, उनका सिंहासन छीन, स्वयं राज करने लगते थे। तब देवगण इस ब्रह्मांड के सर्वव्यापी प्रभु विष्णु की प्रार्थना करते और उनकी सहायता से उनकी विपदाएँ ढेर हो जाती थीं। दैत्य स्वर्ग से निकाल दिए जाते और पुन: देवगण राज करने लगते।

दैत्यराज हिरण्यकशिपु इसी भाँति एक बार अपने ज्ञातिबंधु देवगण पर विजय प्राप्त कर, स्वर्ग के सिंहासन पर आरूढ़ हो त्रिभुवन, अर्थात् मानव तथा अन्य जीव-जंतु द्वारा अध्युषित मध्यलोक, सुरधाम स्वर्गलोक एवं दैत्यभूमि पाताल पर शासन करने लगा। अब उसने अपने को त्रिभुवन का स्वामी घोषित कर दिया और यह मुनादी पिटवा दी कि उसके सिवाय दुनिया में कोई ईश्वर नहीं है, इसलिए कहीं भी कोई विष्णु की पूजा न करे और त्रिभुवन में एकमात्र उसी की पूजा की जाए।

हिरण्यकशिपु का 'प्रह्लाद' नामक एक पुत्र था। अपनी शैशवावस्था से ही उसकी भगवान् विष्णु के चरणांबुजों में परम अनुरक्ति थी। बाल्यकाल

में ही उसकी इस विशुद्ध भक्ति के लक्षण देखकर दैत्यराज हिरण्यकशिपु को भय हुआ कि जिस पाप को वह संसार से ही जड़-मूल सहित नष्ट कर देना चाहता है, वही उसके अपने कुटुंब में जड़ जमाने का यत्न कर रहा है। अत: उसने अपने पुत्र को शंड और अमर्क नामक दो अत्यंत कठोर और छात्रशासन-दक्ष आचार्यों को सुपुर्द कर दिया तथा उन्हें आज्ञा दी कि भविष्य में प्रह्लाद को विष्णु का नाम तक कर्णगोचर न हो।

आचार्य-द्वय कुमार को अपने साथ घर ले आए और उसे उसके समवयस्क अन्यान्य छात्रों के साथ रखकर शिक्षा देने लगे। किंतु शिशु प्रह्लाद शिक्षा में मनोयोग न दे, अपना सारा समय अन्य दैत्य-बालकों को भगवान् विष्णु की अर्चना-विधि सिखाने में ही बिताने लगा। जब आचार्यों को यह ज्ञात हुआ तो वे अति भयभीत हुए। उन्हें प्रतापी दैत्यराज के कोप का अत्यंत भय था, इसलिए बालक प्रह्लाद को इन कार्यों से परावृत्त करने के लिए वे यथाशक्ति चेष्टा करने लगे। किंतु प्रह्लाद के लिए तो विष्णुनाम-ग्रहण श्वास-प्रश्वास की भाँति स्वाभाविक था; स्वयं विष्णु की उपासना करना और इतर जन को उसकी प्रणाली सिखाना—यही उसका जीवन था। अत: वह अपने मार्ग से विचलित न हो सका। निदान अपने दोष-क्षालनार्थ आचार्यों ने स्वयं हिरण्यकशिपु से यह भयंकर तथ्य निवेदन कर दिया कि प्रह्लाद न केवल स्वयं ही विष्णु की उपासना करता है, वरन् अन्य बालकों को भी उपासना-प्रणाली सिखा-सिखाकर कुपथगामी बना रहा है।

आचार्य-द्वय कुमार को अपने साथ घर ले आए और उसे उसके समवयस्क अन्यान्य छात्रों के साथ रखकर शिक्षा देने लगे। किंतु शिशु प्रह्लाद शिक्षा में मनोयोग न दे, अपना सारा समय अन्य दैत्य-बालकों को भगवान् विष्णु की अर्चना-विधि सिखाने में ही बिताने लगा। जब आचार्यों को यह ज्ञात हुआ तो वे अति भयभीत हुए।

यह समाचार सुन दैत्यराज क्रोध से आग-बबूला हो गया। उसने बालक प्रह्लाद को अपने सामने बुलवाया। प्रथम, उसने कोमल वाणी में उसे विष्णु की पूजा से पराङ्मुख कर यह समझाने का यत्न किया कि ब्रह्मांड में दैत्यराज हिरण्यकशिपु के अतिरिक्त कोई दूसरा ईश्वर नहीं है, इसलिए केवल मेरी ही पूजा की जाए। किंतु बालक प्रह्लाद पर इसका कोई प्रभाव न पड़ा। वह पुनः-पुनः यही कहता था कि सर्वव्यापी, त्रिभुवनेश्वर भगवान् विष्णु ही एकमात्र उपास्य हैं और दैत्यराज का राजस्व भी भगवान् विष्णु के इच्छाधीन है। अब दैत्यराज के क्रोध की सीमा न रही और उसने तत्काल प्रह्लाद के वध की आज्ञा दे दी। दैत्यों ने तीक्ष्ण शस्त्रों से उसकी कोमल देह पर आघात किए, पर उसका चित्त विष्णु के ध्यान में इतना मग्न था कि उसे तनिक भी पीड़ा नहीं हुई।

हिरण्यकशिपु को जब ज्ञात हुआ कि शस्त्र-प्रहार से प्रह्लाद का बाल भी बाँका न हुआ तो वह अत्यंत भयाकुल हो गया। किंतु दानवोचित असत्-प्रवृत्ति के वशीभूत होकर उसने बालक प्रह्लाद का वध करने के कई राक्षसी उपायों का अवलंबन करना शुरू कर दिया। उसने उसे हाथी के पैरों तले कुचल देने का आदेश दिया।

हिरण्यकशिपु को जब ज्ञात हुआ कि शस्त्र-प्रहार से प्रह्लाद का बाल भी बाँका न हुआ तो वह अत्यंत भयाकुल हो गया। किंतु दानवोचित असत्-प्रवृत्ति के वशीभूत होकर उसने बालक प्रह्लाद का वध करने के कई राक्षसी उपायों का अवलंबन करना शुरू कर दिया। उसने उसे हाथी के पैरों तले कुचल देने का आदेश दिया। किंतु जिस प्रकार क्रुद्ध हाथी लोह-गोलक को अपनी पूरी सामर्थ्य से भी नहीं पीस सकता, उसी भाँति प्रह्लाद का भी कुछ न बिगाड़ सका। जब इस उपाय से काम न चला तो दैत्यराज ने प्रह्लाद को पहाड़ की चोटी से फेंकने की आज्ञा दी। इस आदेश का भी पालन हुआ, प्रह्लाद के हृदय-कमल में भगवान् विष्णु निवास करते थे, इसलिए यह कोमल तृणांकुरों

पर धीरे से गिरनेवाले हलके फूल की भाँति पृथ्वी पर आ पड़ा। प्रह्लाद का विनाश करने के लिए हिरण्यकशिपु ने विष, अग्नि, अनशन, कूप-पातन, तंत्र-मंत्र आदि अनेकविध उपायों को आजमाया, किंतु सब व्यर्थ हुए। 'जाको राखे साइयाँ, मार सके ना कोय।' प्रह्लाद के हृदय में भगवान् विष्णु की छवि स्थित थी, उसका कौन क्या बिगाड़ सकता था।

अंत में हिरण्यकशिपु ने आज्ञा दी कि पाताल से विशालकाय सर्पों का आह्वान किया जाए और प्रह्लाद को नाग-पाश में बद्ध कर समुद्र में फेंक दिया जाए, फिर उस पर बड़े-बड़े पहाड़ स्तूपाकार चुन दिए जाएँ, जिससे तत्क्षण नहीं तो निदान काल-क्रम से उसका अंत हो जाए। इस प्रकार नृशंस व्यवहार किए जाने पर भी बालक प्रह्लाद अपने परमाराध्य विष्णु की 'हे भुवनेश्वर, हे जगत्पते, हे अनंत-सौंदर्यनिधे', कह-कहकर प्रार्थना करता रहा। इस प्रकार संकटकाल में विष्णु का ध्यान और चिंतन करते-करते बालक को प्रतीत होने लगा कि स्वयं विष्णु भगवान् उसके निकट विद्यमान हैं। निकट ही नहीं, वरन् वे उसकी आत्मा में अवस्थित हैं। धीरे-धीरे उसे प्रतीत होने लगा कि वह स्वयं विष्णु है और अग-जग में सर्वत्र वही व्याप्त हो रहा है।

अंत में हिरण्यकशिपु ने आज्ञा दी कि पाताल से विशालकाय सर्पों का आह्वान किया जाए और प्रह्लाद को नाग-पाश में बद्ध कर समुद्र में फेंक दिया जाए, फिर उस पर बड़े-बड़े पहाड़ स्तूपाकार चुन दिए जाएँ, जिससे तत्क्षण नहीं तो निदान काल-क्रम से उसका अंत हो जाए। इस प्रकार नृशंस व्यवहार किए जाने पर भी बालक प्रह्लाद अपने परमाराध्य विष्णु की 'हे भुवनेश्वर, हे जगत्पते, हे अनंत-सौंदर्यनिधे', कह-कहकर प्रार्थना करता रहा।

ज्यों ही प्रह्लाद को यह अद्वैतानुभूति होने लगी, नागपाश स्वयमेव खुलने लगे, पहाड़ चूर-चूर होने लगे, समुद्र में ज्वार-भाटा आने लगा और लहरों ने उसे अपने सिर पर धारण कर किनारे तक पहुँचा दिया। प्रह्लाद

उस समय यह सब भूल गया कि वह एक दैत्य है और उसका पार्थिव शरीर है। उसे प्रतीति हो रही थी, वह ब्रह्मांडस्वरूप है और विश्व की समस्त शक्तियों का आदिस्रोत है। इस जगत् में, प्रकृति में, ऐसी कोई वस्तु नहीं है, जो उसे क्षति पहुँचा सके, वह स्वयं प्रकृति का शाश्वततत्स्वरूप है। इस प्रकार समाधिजनित अविच्छिन्न परमानंद में कुछ काल व्यतीत होने पर शनैः-शनैः उसे देहभान हुआ और स्मरण होने लगा कि वह दैत्य-कुलोत्पन्न प्रह्लाद है। देहभान होते ही उसे पुनः यह ज्ञान होने लगा कि उसके अंदर व बाहर, चारों ओर ईश्वर की सत्ता है और उसे हर वस्तु में विष्णुरूप के दर्शन होने लगे।

दैत्यराज हिरण्यकशिपु ने जब देखा कि उसके अनंत शत्रु विष्णु के अनंत भक्त, उसके पुत्र प्रह्लाद के निधनार्थ प्रयुक्त सभी उपाय विफल हो गए हैं तो वह भीतिग्रस्त और किंकर्तव्यविमूढ़ हो गया। उसने पुनः प्रह्लाद को अपने समीप बुलवाया और मधुर वचनों से अपनी सलाह पर चलने का उपदेश देने लगा। किंतु प्रह्लाद पूर्ववत् ही उत्तर देता रहा। हिरण्यकशिपु ने सोचा कि शिक्षा और वयवृद्धि के साथ-साथ प्रह्लाद के ये बालोचित विचार बदल जाएँगे। इसलिए उसने पुनः उसे शंड और अमर्क को सुपुर्द कर उसे राजधर्म की शिक्षा प्रदान करने का आदेश दिया। किंतु प्रह्लाद की उसमें कोई रुचि न थी और अवकाश पाते ही वह अपने सहपाठियों को विष्णु की उपासना का उपदेश देने लगता।

दैत्यराज हिरण्यकशिपु ने जब देखा कि उसके अनंत शत्रु विष्णु के अनंत भक्त, उसके पुत्र प्रह्लाद के निधनार्थ प्रयुक्त सभी उपाय विफल हो गए हैं तो वह भीतिग्रस्त और किंकर्तव्यविमूढ़ हो गया। उसने पुनः प्रह्लाद को अपने समीप बुलवाया और मधुर वचनों से अपनी सलाह पर चलने का उपदेश देने लगा।

राजा के कानों में जब यह समाचार पहुँचा तो वह क्रोध में आपे से बाहर हो गया। उसने प्रह्लाद को बुलाकर प्राणांत की धमकियाँ दीं और

उसके उपास्य विष्णु के प्रति हीनतम अपशब्द प्रयुक्त किए। किंतु इसके उपरांत भी प्रह्लाद बार-बार बलपूर्वक यही कहता गया कि भगवान् विष्णु चराचर के स्वामी हैं और अनंत, अनादि, सर्वव्यापी, सर्वशक्तिमान और एकमात्र आराध्य हैं।

हिरण्यकशिपु सक्रोध गरजकर बोला, "अरे पापिष्ठ, यदि तेरा विष्णु सर्वव्यापी है तो क्या वह उस स्तंभ में नहीं है?"

प्रह्लाद बोला, "क्यों नहीं! वे उस स्तंभ में भी विद्यमान हैं।"

लड़के की धृष्टता से क्रुद्ध हो दैत्यराज बोला, "रे दुष्ट! मैं अभी इस खड्ग से तुझे यमसदन भेज देता हूँ। देखूँ, कैसे तेरा विष्णु तेरी रक्षा करता है!"

हिरण्यकशिपु सक्रोध गरजकर बोला, "अरे पापिष्ठ, यदि तेरा विष्णु सर्वव्यापी है तो क्या वह उस स्तंभ में नहीं है?" प्रह्लाद बोला, "क्यों नहीं! वे उस स्तंभ में भी विद्यमान हैं।" लड़के की धृष्टता से क्रुद्ध हो दैत्यराज बोला, "रे दुष्ट! मैं अभी इस खड्ग से तुझे यमसदन भेज देता हूँ। देखूँ, कैसे तेरा विष्णु तेरी रक्षा करता है!"

ऐसा कह हिरण्यकशिपु अपनी तलवार लेकर उसकी ओर झपटा और उसने उस स्तंभ पर एक जोर से वार किया। उसी क्षण उस स्तंभ से वज्र-निर्घोष हुआ और भगवान् विष्णु नृसिंह रूप धारण कर प्रकट हुए। सहसा यह भीषण रूप देखकर दैत्यगण भयभीत हो प्राणरक्षणार्थ इतस्ततः दौड़ने लगे। हिरण्यकशिपु बलपूर्वक प्राणपण से बड़ी देर तक वहाँ युद्ध करता रहा, किंतु अंत में भगवान् नृसिंह के हाथों पराभूत और निहत हो गया। तब देवतागण स्वर्ग से आगमन कर विष्णु का स्तुति-गान करने लगे। प्रह्लाद भी भक्ति-विह्वल हो, प्रभु के चरणों में प्रणिपात कर गद्गद कंठ से विष्णु की प्रार्थना करने लगे। तब भगवान् प्रसन्न हो प्रह्लाद से बोले, "वत्स प्रह्लाद! तुम निर्भय होकर इच्छानुसार वर माँगो, तुम मुझे अत्यंत प्रिय हो।"

प्रह्लाद गद्गद स्वर में बोले, "प्रभु, आपका दर्शन पाकर अब और कौन सी इच्छा अतृप्त रह गई है? आप मुझे किसी प्रकार के ऐहिक या पारत्रिक ऐश्वर्य का प्रलोभन न दिखाइए।"

पुनः भगवान् बोले, "प्रह्लाद, तुम्हारी निष्काम भक्ति देखकर मुझे तुमसे अत्यंत प्रीति हो गई है। हमारा दर्शन निष्फल नहीं होता, इसलिए वत्स, कोई एक वर अवश्य माँग लो।"

तब प्रह्लाद बोले—

"या प्रीतिरविवेकानां विषयेष्वनपायिनी।
त्वामनुस्मरतः सा मे हृदयान्मापसर्पतु॥"

अर्थात् "हे प्रभो, जो तीव्र आसक्ति अज्ञानियों को ऐहिक पदार्थों के प्रति होती है, वही मेरे हृदय में आपका स्मरण करते समय आपके प्रति निरंतर हो।"

तब भगवान् बोले, "प्रह्लाद, यद्यपि मेरे परम भक्तों को इहलोक और परलोक में किसी वस्तु की आकांक्षा नहीं रहती है, तथापि तेरे आदेश से सदा मुझमें भक्ति रखते हुए कल्पांत तक तुम इस लोक का ऐश्वर्य-भोग और पुण्य कर्मों का अनुष्ठान करो तथा इस प्रकार कालक्रम से देहपात होने पर तुम मुझे प्राप्त करोगे।"

इस प्रकारे प्रह्लाद को वर प्रदान कर भगवान् विष्णु अंतर्हित हो गए। तब ब्रह्मा प्रभृति देवगण भी प्रह्लाद को दैत्यराज अभिषिक्त कर अपने-अपने लोक को प्रस्थान कर गए। *(कैलिफोर्निया में दिया हुए भाषण।)*

□

विश्व के महान् आचार्य

हिंदुओं के मतानुसार, यह विश्व तरंगों की भाँति गतिमान है। वह एक बार उठता है और उन्नति की पराकाष्ठा प्राप्त कर लेता है, तदनंतर उसका पतन प्रारंभ होता है, कुछ समय तक वह इसी प्रकार अवनति के गर्त में पड़ा रहता है, मानो पुनः उत्थान के लिए शक्ति-संग्रह कर रहा हो। सागर की भीमकाय तरंगों के समान निरंतर उत्थान व पतन, पतन और उत्थान, यही विश्व की गति है। समष्टि के लिए जो विधान सत्य है, वही व्यष्टि के लिए भी सत्य होगा। मनुष्य-समाज के सभी व्यापारों में भी यही तरंगवत् उत्थान व पतन की गति है, राष्ट्रों के इतिहास में भी इसी उत्थान और पतन की कहानियाँ हैं, वे उठते हैं तथा गिरते हैं। उत्थान के बाद पतनकाल आता है और पतन के पश्चात् पहले की अपेक्षा और भी अधिक शक्ति के साथ पुनरुत्थान होता है। निरंतर यही उत्थान और पतन का चक्र चलता रहता है। धार्मिक जगत् में भी अनवरत रूप से यही क्रिया चल रही है। प्रत्येक जाति के आध्यात्मिक जीवन में पतन और उत्थान के युग होते हैं। जब जाति की अवनति होती है तो प्रतीत होता है कि उसकी जीवनशक्ति नष्ट हो गई है, वह छिन्न-भिन्न हो गई है। किंतु वह पुनः बलसंग्रह करती है, उन्नति करने लगती है, जागृति की एक विशाल लहर उठती है और सदैव यही देखा जाता है कि इस विशालकाय

तरंग के उच्चतम सिर पर कोई दिव्य महापुरुष विराजमान रहते हैं। एक ओर जहाँ वे उस तरंग, उस जाति के अभ्युत्थान के शक्तिदाता होते हैं, वहीं दूसरी ओर वे स्वयं उस महती शक्ति के फलस्वरूप होते हैं, जो (शक्ति) उस अभ्युदय, उस तरंग का मूल है। इस प्रकार वे एक-दूसरे पर क्रिया-प्रतिक्रिया करते रहते हैं, परस्पर के स्रष्टा एवं स्रष्ट हैं, जनक एवं जन्य हैं। वे एक ओर समाज को अपनी महान् शक्ति से प्रभावित तथा अवभूत करते हैं, और दूसरी ओर समाज ही उनकी इस प्रचंड शक्ति के आविर्भाव का कारण होता है। ये ही संसार के महान् विचारक एवं मनीषी होते हैं, ये ही दुनिया के पैगंबर, जीवन-दर्शन के संदेशवाहक ऋषि और ईश्वर के अवतार कहलाते हैं।

कुछ व्यक्तियों की धारणा है कि दुनिया में केवल एक ही धर्म, एक ही ईश्वरावतार या एक ही पैगंबर हो सकता है, किंतु यह धारणा सत्य नहीं है। इन सब महापुरुषों के जीवन का अध्ययन और मनन करने पर हमें ज्ञात होगा कि उनमें से प्रत्येक को विधाता ने, मानो केवल एक, बस एक अंश का अभिनय करने के लिए ही निर्दिष्ट किया था।

कुछ व्यक्तियों की धारणा है कि दुनिया में केवल एक ही धर्म, एक ही ईश्वरावतार या एक ही पैगंबर हो सकता है, किंतु यह धारणा सत्य नहीं है। इन सब महापुरुषों के जीवन का अध्ययन और मनन करने पर हमें ज्ञात होगा कि उनमें से प्रत्येक को विधाता ने, मानो केवल एक, बस एक अंश का अभिनय करने के लिए ही निर्दिष्ट किया था। हम यह भी देखेंगे कि सब स्वरों के समन्वय से ही एकलयता उत्पन्न होती है, किसी एक स्वर से नहीं। विभिन्न राष्ट्रों और जातियों के इतिहास भी यह बताएँगे कि कोई जातिविशेष सदा के लिए संसार का उपभोग करने की अधिकारिणी नहीं रह सकती। जातियों की इस ईश्वरनिर्दिष्ट एकलयता में सभी जातयों को अपने-अपने अंश का अभिनय करना पड़ता है, सभी जातियों को अपना-

अपना जीवन-ध्येय प्राप्त करना पड़ता है, अपने-अपने कर्तव्य की पूर्ति करनी पड़ती है। इन सबकी समष्टि ही उस महान् समन्वय, उस महान् एकलयता का निर्माण करती है।

जाति संबंधी उपर्युक्त बात महापुरुषों पर भी लागू होती है। उनमें से कोई भी सारे विश्व पर सदा के लिए शासन करने हेतु नहीं जनमा है। ऐसा न तो आज तक हुआ है और न भविष्य में कभी होगा ही। उनमें से प्रत्येक ने मानवजाति की शिक्षा में अपना अंश प्रदान किया है। जहाँ तक इस अंश का संबंध है, कहा जा सकता है कि समय प्राप्त होने पर अवश्य ही प्रत्येक महापुरुष विश्व के शासक व भाग्यविधाता बनेंगे।

इसमें से अनेक जन्मतः ही सगुण धर्म, अवतारवाद में श्रद्धा रखते हैं। हम सिद्धांतों की चर्चा करते हैं। सूक्ष्म तत्त्वों और उत्पत्तियों पर विचार-विमर्श करते हैं। यह ठीक है, किंतु हमारे प्रत्येक कार्य, प्रत्येक विचार से यही प्रकट होता है कि हम किसी तत्त्व को केवल तभी समझ सकते हैं, जब किसी व्यक्तिविशेष के चरित्र में हम उसे उतरा हुआ पाते हैं। किसी सूक्ष्म तत्त्व की धारणा में हम तभी समर्थ होते हैं, जब वह किसी पुरुषविशेष के रूप में साकार रूप धारण कर लेता है। केवल दृष्टांत की सहायता से ही हम उपदेशों को समझ पाते हैं। काश! ईश्वरेच्छा से हम सब इतने उन्नत होते कि हमें तत्त्वविशेष की धारणा करने में दृष्टांतों एवं आदर्श पुरुषों के माध्यम की आवश्यकता न पड़ती। किंतु हम उतने उन्नत नहीं हैं; इसलिए स्वभावतः ही अधिकांश मनुष्यों

इसमें से अनेक जन्मतः ही सगुण धर्म, अवतारवाद में श्रद्धा रखते हैं। हम सिद्धांतों की चर्चा करते हैं। सूक्ष्म तत्त्वों और उत्पत्तियों पर विचार-विमर्श करते हैं। यह ठीक है, किंतु हमारे प्रत्येक कार्य, प्रत्येक विचार से यही प्रकट होता है कि हम किसी तत्त्व को केवल तभी समझ सकते हैं, जब किसी व्यक्तिविशेष के चरित्र में हम उसे उतरा हुआ पाते हैं।

ने इन असाधारण व्यक्तियों, ईसाइयों, बौद्धों तथा हिंदुओं द्वारा पूजित इन पैगंबरों एवं अवतारों को आत्मसमर्पण कर दिया है।

मुसलमानों ने तो आरंभ से ही ऐसी उपासना का विरोध किया है, पर इस कट्टर विरोध के बावजूद हम देखते हैं कि एक पैगंबर की उपासना तो दूर रही, वे प्रत्यक्षत: सहस्त्रों पीरों की पूजा करते पाए जाते हैं। प्रत्यक्ष घटनाओं को मिथ्या नहीं कहा जा सकता। व्यक्तिविशेष की अर्चना हमें करनी ही होगी। इसी में हमारा हित है। तुम्हारे उपास्य देव ईसा को जब लोगों ने कहा, "प्रभु, हमें परमपिता परमेश्वर के दर्शन कराइए।" तो ईसा ने कहा, "जिसने मुझे देख लिया है, उसने परमपिता को भी देख लिया है।"

उनके इस उत्तर का आप स्मरण करें। हम ईश्वर का केवल मानवीय भाव में दर्शन कर सकते हैं। हम में से ऐसा कौन है, जो ईश्वर की मानवातिरिक्त अन्य भाव में कल्पना कर सकता है? केवल मनुष्य-रूप में, केवल मानवता के माध्यम से ही हम ईश्वर-दर्शन कर सकते हैं। इस कमरे में सर्वत्र प्रकाश का स्पंदन विद्यमान है, किंतु हम उसे सर्वत्र देखने में क्यों असमर्थ हैं?

उनके इस उत्तर का आप स्मरण करें। हम ईश्वर का केवल मानवीय भाव में दर्शन कर सकते हैं। हम में से ऐसा कौन है, जो ईश्वर की मानवातिरिक्त अन्य भाव में कल्पना कर सकता है? केवल मनुष्य-रूप में, केवल मानवता के माध्यम से ही हम ईश्वर-दर्शन कर सकते हैं। इस कमरे में सर्वत्र प्रकाश का स्पंदन विद्यमान है, किंतु हम उसे सर्वत्र देखने में क्यों असमर्थ हैं? हम केवल किसी दीप में ही उसे देख सकते हैं। इसी प्रकार ईश्वर भी सर्वव्यापी, निराकार एवं निर्गुण तत्त्व है, किंतु हमारी प्रकृति ही ऐसी है कि हम केवल किसी नररूपधारी अवतार के माध्यम से ही उसकी उपलब्धि कर सकते हैं, उसका साक्षात्कार कर सकते हैं। जब इन महान् ज्योतिर्मय आत्माओं का विश्व में आविर्भाव होता है, तभी मनुष्य

को ईश्वर-साक्षात्कार होता है। और हम जिस रूप में विश्व में पदार्पण करते हैं, वे उस प्रकार विश्व में नहीं आते। हम विश्व में आते हैं भिक्षुकों व अकिंचनों की भाँति, दरिद्रों और कंगालों के रूप में; पर उनका आगमन होता है सम्राटों की भाँति मानव-हृदय पर युगों तक राज्य करने के रूप में। मातृ-पितृविहीन अनाथों से, भूले बटोहियों से किंकर्तव्यविमूढ़ होकर हम सब विश्व में भटकते रहते हैं। हम नहीं जानते कि हमारे जीवन का अर्थ और उद्‌देश्य क्या है? हमारे इस उद्‌देश्यहीन जीवन में हम आज तो एक काम करते हैं और कल दूसरा। हम प्रवाह-पतित तिनकों की भाँति लहरों के थपेड़े खाते, इधर-उधर बहते जाते हैं तथा झंझा में उड़ते पंखों के समान अंत में इतस्तत: गिर पड़ते हैं।

किंतु हमें दिखेगा कि मानवजाति के इतिहास में विश्व के कल्याण के लिए जो अवतार हुए हैं, उनका जीवनव्रत प्रारंभ से ही निश्चित रहा है। अपने जीवन का सारा नक्शा, सारी योजना उनकी आँखों के सामने थी और उससे वे इंच भर भी नहीं डिगे। इसका कारण यह है कि वे अपने जीवन में विश्व के लिए एक संदेश लेकर आए थे। उनके जीवन में एक लक्ष्य था, एक व्रत था। वे केवल उसे पूरा करना चाहते थे, उसके संबंध में तर्क-वितर्क करना नहीं। क्या तुमने ऐसे किसी पैगंबर या अवतार के संबंध में सुना या पढ़ा है, जिसने अपने उपदेशों को युक्ति का आधार दिया है?

किंतु हमें दिखेगा कि मानवजाति के इतिहास में विश्व के कल्याण के लिए जो अवतार हुए हैं, उनका जीवनव्रत प्रारंभ से ही निश्चित रहा है। अपने जीवन का सारा नक्शा, सारी योजना उनकी आँखों के सामने थी और उससे वे इंच भर भी नहीं डिगे। इसका कारण यह है कि वे अपने जीवन में विश्व के लिए एक संदेश लेकर आए थे। उनके जीवन में एक लक्ष्य था, एक व्रत था।

उनमें से किसी ने अपने विचार एवं कार्य की पुष्टि तर्क द्वारा नहीं की; और वे करते भी क्यों? वे तो सीधे शब्दों में सत्य को व्यक्त करना जानते हैं। उनमें सत्य के दर्शन करने की क्षमता है और उसे दूसरों को दिखाने की सामर्थ्य है। यदि तुम मुझसे पूछो कि ईश्वर है या नहीं और मैं कह दूँ कि हाँ, ईश्वर है तो तुम झट मुझे अपनी युक्तियाँ पेश करने के लिए अपनी सारी शक्ति लगा देनी पड़ेगी। किंतु यदि कोई ईसा से यही प्रश्न पूछता तो ईसा तत्काल उत्तर देते। "हाँ, ईश्वर है।" और यदि तुम ईसा से इसका प्रमाण माँगते तो निश्चय ही ईसा ने कहा होता, "लो, यह ईश्वर तुम्हारे सम्मुख खड़ा है, दर्शन कर लो।"

इस प्रकार हम देखते हैं कि इन महापुरुषों की ईश्वर विषयक धारणा साक्षात् उपलब्धि, प्रत्यक्ष दर्शन पर आधारित है, तर्कजन्य नहीं। वे अंधकार में नहीं टटोलते, उनके कथन में प्रत्यक्ष दर्शन का बल होता है। जब मैं इस मेज को प्रत्यक्ष देख रहा हूँ तो फिर कोई भले ही शत-शत युक्तियों द्वारा क्यों न चेष्टा करे, पर इस मेज के अस्तित्व में मेरा विश्वास नष्ट नहीं हो सकता। इसी प्रकार ये महापुरुषगण भी अपने विश्वास पर अटल रहते हैं, क्योंकि वे ईश्वर का प्रत्यक्ष दर्शन करते हैं और इसलिए उन्हें अपने आदर्शों में, अपने ध्येय में और सर्वोपरि स्वयं में अटल विश्वास एवं श्रद्धा है। इन दिव्य-पुरुषों में जितना आत्मविश्वास है, उतना अन्यत्र कहीं नहीं दिखता।

इस प्रकार हम देखते हैं कि इन महापुरुषों की ईश्वर विषयक धारणा साक्षात् उपलब्धि, प्रत्यक्ष दर्शन पर आधारित है, तर्कजन्य नहीं। वे अंधकार में नहीं टटोलते, उनके कथन में प्रत्यक्ष दर्शन का बल होता है। जब मैं इस मेज को प्रत्यक्ष देख रहा हूँ तो फिर कोई भले ही शत-शत युक्तियों द्वारा क्यों न चेष्टा करे, पर इस मेज के अस्तित्व में मेरा विश्वास नष्ट नहीं हो सकता।

लोग पूछते हैं, "क्या तुम ईश्वर में विश्वास रखते हो? क्या तुम

परलोक के अस्तित्व को मानते हो? क्या इस मत में या उस शास्त्रादेश में श्रद्धा रखते हो?" लोग ये सब विश्वास संबंधी प्रश्न पूछते तो हैं, पर उन्हें यह पूछना कभी नहीं सूझता कि "तुम्हारा स्वयं अपने ऊपर विश्वास है या नहीं?" आत्मविश्वास ही इन सबकी भित्ति है। जिसे स्वयं पर विश्वास नहीं है, उससे अन्य तत्त्वों में विश्वास रखने की आशा कैसे की जा सकती है कि हम अपने अस्तित्व के विषय में भी तो संशयरहित नहीं हैं। कभी हम सोचते हैं, हम नित्य सत्यस्वरूप हैं, कोई हमारा नाश नहीं कर सकता और दूसरे ही क्षण हम मृत्यु-भय से काँपते लगते हैं। अभी हम सोचते हैं कि हम अजर, अमर हैं और पल भर बाद अपनी ही कल्पना का कोई भूत देखकर हम किंकर्तव्यविमूढ़ हो जाते हैं, हमें यह भी ध्यान नहीं रहता कि हम क्या हैं और कहाँ कहाँ हैं, जीवित हैं, या मृत हैं! कभी सोचते हैं कि हम बहुत धार्मिक हैं, अत्यंत चरित्रसंपन्न एवं पवित्र हैं, किंतु दूसरे ही क्षण एक धक्का लगता है और हम चारों खाने चित हो जाते हैं। इसका कारण? कारण यही है कि हमारा आत्मविश्वास मर गया है, हमारी नैतिकता की रीढ़ टूट गई है।

अभी हम सोचते हैं कि हम अजर, अमर हैं और पल भर बाद अपनी ही कल्पना का कोई भूत देखकर हम किंकर्तव्यविमूढ़ हो जाते हैं, हमें यह भी ध्यान नहीं रहता कि हम क्या हैं और कहाँ कहाँ हैं, जीवित हैं, या मृत हैं! कभी सोचते हैं कि हम बहुत धार्मिक हैं, अत्यंत चरित्रसंपन्न एवं पवित्र हैं, किंतु दूसरे ही क्षण एक धक्का लगता है और हम चारों खाने चित हो जाते हैं। इसका कारण?

मानवजाति के इन महान् आचार्यों में तुम्हें यह एक लक्षण सर्वत्र दिखेगा कि उनमें प्रचंड आत्मविश्वास भरा है। उनका यह आत्मविश्वास असाधारण है, इसलिए हम उसे पूर्णतया नहीं समझ सकते। इसीलिए इन महापुरुषों के आत्मविषयक वचनों एवं कथनों को हम कई प्रकार से

व्याख्या करके उड़ा देने का प्रयत्न करते हैं तथा उन्होंने अपने साक्षात्कार, अपनी ईश्वरोपलब्धि के संबंध में जो बातें कही हैं, उनका अर्थ लगाने के लिए सहस्रों मतवादों की सृष्टि कर लेते हैं। हम अपने विषय में उन महापुरुषों के समान नहीं सोच सकते और इसलिए स्वभावतः हम उन्हें समझ भी नहीं पाते।

जब इन महापुरुषों के मुख से शब्द निकलते हैं तो सारा विश्व बाध्य होकर उन्हें सुनता है। जब वे बोलते हैं तो एक-एक शब्द सीधे हृदय में प्रवेश करता है, वह बम के समान फूट पड़ता है और सुननेवाले पर अपना असीम प्रभाव जमा लेता है। निरी वाणी में क्या है, यदि वाणी के पीछे वक्ता की प्रचंड शक्ति न हो? तुम किस भाषा में बोलते हो और किस प्रकार अपनी भाषा में शब्द-विन्यास करते हो, इससे किसी को क्या मतलब? तुम अच्छी, लच्छेदार, ओजपूर्ण भाषा का प्रयोग करते हो या व्याकरण सम्मत भाषा बोलते हो, अथवा तुम्हारी भाषा अलंकारपूर्ण है या नहीं, इससे भी किसी का क्या प्रयोजन? प्रश्न तो है कि तुम्हारे पास लोगों को देने के लिए कुछ है या नहीं? यहाँ केवल कहानी-किस्से सुनने की बात नहीं है, बात है देने और लेने की। तुम्हारे पास देने के लिए कुछ है? यही पहला और मुख्य प्रश्न है। यदि है, तो दो। शब्द तो केवल तुम्हारी देन को लोगों तक पहुँचा देंगे, यह तो केवल एक माध्यम है। कभी-कभी हम देखते हैं कि मौन रहकर भी एक व्यक्ति दूसरे में भाव संचारित करता है। दक्षिणामूर्ति-स्तोत्र में कहा है—

जब इन महापुरुषों के मुख से शब्द निकलते हैं तो सारा विश्व बाध्य होकर उन्हें सुनता है। जब वे बोलते हैं तो एक-एक शब्द सीधे हृदय में प्रवेश करता है, वह बम के समान फूट पड़ता है और सुननेवाले पर अपना असीम प्रभाव जमा लेता है। निरी वाणी में क्या है, यदि वाणी के पीछे वक्ता की प्रचंड शक्ति न हो?

चित्रं वटतरोर्मूले वृद्धाः शिष्या गुरुर्युवा।
गुरोस्तु मौनं व्याख्यानं शिष्यास्तु छिन्नसंशयाः॥

"आश्चर्य! इस वटवृक्ष के नीचे युवक गुरु एवं वृद्ध शिष्यगण आसीन हैं। मौन ही गुरु का शास्त्र-व्याख्यान है और उसी से शिष्यों की शंकाएँ नष्ट होती जा रही हैं।"

इस प्रकार कभी-कभी शब्दों की सहायता के बिना भी एक व्यक्ति से दूसरे व्यक्ति तक सत्य का संचार हो जाता है। ये महापुरुष दुनिया के लिए एक सौगात, एक देन, एक भेंट लेकर आते हैं। ये ईश्वर के दूत हैं, ये उसका आदेश लेकर आते हैं और हमारा काम है उसे शिरोधार्य करना। क्या तुम्हें याद नहीं, स्वयं ईसा ने तुम्हारे शास्त्रों में किस अधिकारपूर्ण वाणी से लोगों को आज्ञा दी है, "अतएव तुम जाओ और दुनिया को, तमाम कौमों को वह सब अमल में लाने के लिए सिखाओ, जिसे मानने का मैंने तुम्हें हुक्म दिया है।"

क्या तुम्हें याद नहीं, स्वयं ईसा ने तुम्हारे शास्त्रों में किस अधिकारपूर्ण वाणी से लोगों को आज्ञा दी है, "अतएव तुम जाओ और दुनिया को, तमाम कौमों को वह सब अमल में लाने के लिए सिखाओ, जिसे मानने का मैंने तुम्हें हुक्म दिया है।"

'मुझे जगत् को विशेष कुछ देना है', इस बात में प्रचंड विश्वास ईसा की समस्त उक्तियों में देखा जाता है और यही प्रबल विश्वास, तुम्हें संसार के उन सब महापुरुषों की वाणी में मिलेगा, जिन्हें दुनिया पैगंबरों और अवतारों के रूप में पूजती आ रही है।

मानवजाति के ये महान् आचार्यजन पृथ्वी पर अवतीर्ण जीवंत ईश्वरस्वरूप हैं। इनके अतिरिक्त हम और किनकी उपासना करें? मैं अपने मन में ईश्वर की धारणा करने का प्रयत्न करता हूँ और अंत में पाता हूँ कि मेरी धारणा अत्यंत क्षुद्र और मिथ्या है। इस प्रकार कल्पित ईश्वर की उपासना अधर्म है। फिर जब मैं अपनी आँखें खोलकर पृथ्वी की इन

महान् महात्माओं के चरित्र और उनकी लीलाओं को देखता हूँ, तो मुझे प्रतीत होता है कि ईश्वरविषयक मेरी उच्च-से-उच्च धारणा से भी वे कहीं उच्चतर और महान् हैं। मेरे जैसा व्यक्ति, जो किसी चोर का पीछा कर, उसे पकड़कर कारावास की यातनाएँ सहने के लिए बाध्य करता है, दया की क्या कल्पना, क्या धारणा कर सकेगा?

क्षमा-दया संबंधी मेरी उच्चतम कल्पना कहाँ तक पहुँच सकती है? मैं जितना दयाशील हूँ, क्षमाशील हूँ, बस वहीं तक मेरी क्षमा और दया की कल्पना पहुँच सकेगी। मैं जहाँ तक गुणसंपन्न हूँ, तदपेक्षा उच्चतर धारणा मेरी हो ही नहीं सकती। अपनी भौतिक सीमाओं को कौन लाँघ सकता है? अपनी मानसिक चारदीवारी कौन पार कर सकता है? ईश्वरी प्रेम के बारे में हमारी धारणा और क्या हो सकती है? हम अपने इन क्षुद्र जीवन में आपस में जो प्रेम करते हैं, उसकी अपेक्षा प्रेम की उच्चतम धारणा हम कर ही कैसे सकते हैं? जिसका हमने कभी अनुभव ही नहीं किया, उसकी कल्पना भला हम कैसे कर सकेंगे? इसलिए अपने मन में ईश्वर की कल्पना एवं धारणा करने के मेरे सभी प्रयत्न व्यर्थ हैं। किंतु इन महापुरुषों के जीवन की प्रत्यक्ष घटनाएँ हमारे सामने हैं। उनके दया, प्रेम एवं पवित्रता से भरे ऐसे प्रत्यक्ष कार्य हैं, जिनकी हम कल्पना तक नहीं कर सकेंगे। तब फिर क्या आश्चर्य है, यदि मैं इन महापुरुषों की चरण-वंदना कर, उनके पदांबुजों में लुंठित हो, ईश्वर के रूप में उसकी अर्चना

क्षमा-दया संबंधी मेरी उच्चतम कल्पना कहाँ तक पहुँच सकती है? मैं जितना दयाशील हूँ, क्षमाशील हूँ, बस वहीं तक मेरी क्षमा और दया की कल्पना पहुँच सकेगी। मैं जहाँ तक गुणसंपन्न हूँ, तदपेक्षा उच्चतर धारणा मेरी हो ही नहीं सकती। अपनी भौतिक सीमाओं को कौन लाँघ सकता है? अपनी मानसिक चारदीवारी कौन पार कर सकता है?

करूँ ? कोई अन्य भी इसके अतिरिक्त और क्या करेगा ?

निराकार तत्त्व के बारे में लंबी-लंबी बातें करना सरल है, पर मुझे एक तो ऐसा व्यक्ति बताओ, जो उपर्युक्त साकार-उपासना के अतिरिक्त और कुछ कर सके। करने और कहने में बहुत भेद है। निराकार ईश्वर, निर्गुण तत्त्व आदि के विषय में कल्पना करना कठिन नहीं, और कोई करे तो मुझे आपत्ति नहीं, किंतु ये नर-देव, ये मानवरूपधारी देवता सदा से सभी जातियों और सभी राष्ट्रों के यथार्थ में ईश्वर रहे हैं। ये सकल देवमानव चिरकाल से पूजित होते रहे हैं और तब तक पूजित होते रहेंगे, जब तक मानव मानव बना रहेगा। उन्हीं को देखकर 'यथार्थ ईश्वर है, यथार्थ धर्मजीवन है' आदि विषयों में हमारा विश्वास हो सकता है और ईश्वरोपलब्धि, धर्मजीवन-लाभ की हम आशा कर सकते हैं। केवल अस्पष्ट रहस्यमय तत्त्व विवेचना से क्या लाभ ?

मेरे कथन का तात्पर्य—मैं जो आपसे कहना चाहता हूँ, उसका उद्‌देश्य केवल यही है कि मैंने अपने जीवन में इन सब अवतारों की उपासना कर सकना संभव पाया है तथा भविष्य में होनेवाले अनेक अवतारों की उपासना करने को प्रस्तुत हूँ। एक माँ अपने बच्चे को किसी भी वेश में पहचान लेती है, और यदि कोई स्त्री यह नहीं कर सकती तो यह निश्चय है कि वह उस बच्चे की माँ नहीं है।

मेरे कथन का तात्पर्य—मैं जो आपसे कहना चाहता हूँ, उसका उद्‌देश्य केवल यही है कि मैंने अपने जीवन में इन सब अवतारों की उपासना कर सकना संभव पाया है तथा भविष्य में होनेवाले अनेक अवतारों की उपासना करने को प्रस्तुत हूँ। एक माँ अपने बच्चे को किसी भी वेश में पहचान लेती है, और यदि कोई स्त्री यह नहीं कर सकती तो यह निश्चय है कि वह उस बच्चे की माँ नहीं है। अत: तुममें से जो-जो किसी एक विशेष अवतार में ही सत्य तथा ईश्वर की अभिव्यक्ति देखते हैं और दूसरे में नहीं, उनके विषय में

स्वाभाविकतया मेरा निष्कर्ष यही है कि वे किसी भी अवतार के ईश्वरत्व को नहीं जानते। ऐसे व्यक्तियों ने केवल कुछ शब्दमात्र निगल लिये हैं और जिस प्रकार राजनीति में व्यक्ति सत्यासत्य की चिंता न कर, किसी एक दल का साथ देने लगते हैं, उसी प्रकार ऐसे व्यक्तियों ने भी एक संप्रदाय-विशेष को ही अपना सर्वस्व मान लिया है। पर यह धर्म नहीं है।

संसार में ऐसे अंधे तथा मूढ़ भी कई हैं, जो समीप में शुद्ध और मीठे पानी का कुआँ होने पर भी खारे कुएँ का ही पानी पीएँगे, क्योंकि उस कुएँ को उनके पूर्वजों ने खुदवाया था। अतएव मैंने अपने अल्प अनुभव से यही सीखा है कि धर्म में जो दोष एवं त्रुटियाँ लोग देखते हैं, उनके लिए धर्म का कोई उत्तरदायित्व नहीं है, उसमें धर्म का कोई दोष नहीं है। धर्म ने कभी मनुष्यों पर अत्याचार करने की आज्ञा नहीं दी, धर्म ने कभी स्त्रियों को चुड़ैल तथा डायन कहकर जीवित जला देने का आदेश नहीं दिया, किसी धर्म ने कभी इस प्रकार अन्यायपूर्ण कार्य करने की शिक्षा नहीं दी। तब लोगों को ये अत्याचार, ये अनाचार करने के लिए किसने उत्तेजित किया? कूटनीति ने? धर्म ने नहीं? और यदि इस प्रकार की कुटिल राजनीति धर्म का स्थान अपहरण कर ले, धर्म का नाम धारण कर ले, तो यह दोष किसका है?

संसार में ऐसे अंधे तथा मूढ़ भी कई हैं, जो समीप में शुद्ध और मीठे पानी का कुआँ होने पर भी खारे कुएँ का ही पानी पीएँगे, क्योंकि उस कुएँ को उनके पूर्वजों ने खुदवाया था। अतएव मैंने अपने अल्प अनुभव से यही सीखा है कि धर्म में जो दोष एवं त्रुटियाँ लोग देखते हैं, उनके लिए धर्म का कोई उत्तरदायित्व नहीं है, उसमें धर्म का कोई दोष नहीं है।

इसलिए जब एक व्यक्ति खड़ा होकर आह्वान करता है कि केवल मेरा धर्म ही सच्चा है, मेरा पैगंबर ही सच्चा है तो वह झूठ बोलता है, उसे अपने धर्म का 'क, ख' भी मालूम नहीं। धर्म न तो सिद्धांतों की थोथी

बकवास है, न मत-मतांतरों का प्रतिपादन तथा खंडन है और न अन्य के विचारों से बौद्धिक सहमति ही है। धर्म का अर्थ है हृदय के अंतरतम प्रदेश में सत्य की उपलब्धि। धर्म का अर्थ है ईश्वर का संस्पर्श प्राप्त करना, उस तत्त्व की प्रतीति करना, उपलब्धि करना कि मैं आत्मस्वरूप हूँ और अनंत परमात्मा एवं इसके अनेक अवतारों से मेरा युग-युग का अभेद्य संबंध है। यदि तुमने यथार्थ में उस परमपिता के गृह में प्रवेश किया है तो अवश्य ही उसके पुत्रजन का दर्शन किया होगा। तब फिर यह क्यों कहते हो कि तुम उन्हें नहीं पहचानते? और यदि तुम वास्तव में उन्हें नहीं पहचानते हो तो यह सत्य है कि तुम ईश्वर के गृह में अब तक प्रवेश नहीं पा सके हो। जननी अपने वत्स को किसी भी वेश में पहचान लेती है। पुत्र का छद्मवेश भी उसकी आँखों को धोखा नहीं दे सकता। सभी युगों एवं सभी देशों के इन महान् नर-नरियों को पहचानो और यह ज्ञान प्राप्त करो कि उनमें परस्पर कोई भेद, कोई अंतर और पार्थक्य नहीं है। जहाँ कहीं भी यथार्थ धर्म का विकास हुआ है, यह दिव्य ब्रह्म-संस्पर्श हुआ है, ईश्वर का साक्षात्कार हुआ है, आत्मा द्वारा परमात्मा की प्रत्यक्ष उपलब्धि हुई है, वहाँ व्यक्तियों का हृदय इतना विशाल व उदार बन गया है कि वे देश तथा काल के बंधनों से मुक्त होकर ईश्वर एवं उसके अवतारों की परम ज्योति का दर्शन सर्वत्र—सभी धर्मों और सभी देशों के अवतारों में करते हैं।

यदि तुमने यथार्थ में उस परमपिता के गृह में प्रवेश किया है तो अवश्य ही उसके पुत्रजन का दर्शन किया होगा। तब फिर यह क्यों कहते हो कि तुम उन्हें नहीं पहचानते? और यदि तुम वास्तव में उन्हें नहीं पहचानते हो तो यह सत्य है कि तुम ईश्वर के गृह में अब तक प्रवेश नहीं पा सके हो।

मुसलमान इस विषय में सर्वाधिक सांप्रदायिक, संकीर्ण एवं पिछड़े हुए हैं। उनका मूलमंत्र है—'दुनिया में एक ही खुदा है और उनका एक ही पैगंबर है।' अतएव जो इस सिद्धांत को नहीं मानते, जो वस्तुएँ

इस सिद्धांत की पोषक नहीं हैं, वे केवल खराब ही नहीं, समूल नष्ट कर देने योग्य हैं। जो व्यक्ति इसमें विश्वास नहीं करता, उसे मौत के घाट उतार देना चाहिए। मसजिदों के अतिरिक्त जो उपासना-गृह हैं, उन्हें जमींदोज कर देना चाहिए, कुरान का विरोध करनेवाली सारी पुस्तकों का अग्निसंस्कार कर देना चाहिए। केवल इसीलिए उन्होंने अपनी तलवारों से पूरी पाँच शताब्दियों तक अटलांटिक और प्रशांत महासागर के मध्य में स्थित सारे भूमिखंड को रक्ताभिषेक कराया है; यह है इसलाम। किंतु इन खूँखार और कट्टर मुसलमानों में भी दार्शनिक प्रकृति की जो कुछ प्रबुद्ध आत्माएँ थीं, उन्होंने इन अत्याचारों का प्रतिवाद किया, उनके विरोध में अपनी आवाज उठाना अपना धर्म समझा। अपने इस उदार कार्य द्वारा उन्होंने यह प्रमाणित कर दिया कि उन्हें भी ब्रह्म-संस्पर्श लाभ हो गया है, सत्य के एक अंश की उपलब्धि हो गई है। वे अपने धर्म से खिलवाड़ नहीं कर रहे थे, क्योंकि उन्होंने यह समझ लिया था कि केवल उनके पूर्वजों का धर्म ही सत्य धर्म नहीं है, अपितु सभी अवतार, सभी पैगंबर एवं सभी धर्म एक हैं और सत्य हैं।

आजकल अर्वाचीन उत्क्रांतिवाद, अर्थात् क्रम-विकासवाद के सिद्धांत के साथ एक और चीज भी देखने में आती है, वह है—अपक्रांतिवाद, अर्थात् क्रमावनति या पूर्वावस्था की ओर पुनरावर्तन। धार्मिक क्षेत्र में भी देखा जाता है कि हम कई उदारतर भावों के साथ कुछ अग्रसर हो, पुनः प्राचीन संकीर्ण मतों की ओर लौट आते हैं।

आजकल अर्वाचीन उत्क्रांतिवाद, अर्थात् क्रम-विकासवाद के सिद्धांत के साथ एक और चीज भी देखने में आती है, वह है—अपक्रांतिवाद, अर्थात् क्रमावनति या पूर्वावस्था की ओर पुनरावर्तन। धार्मिक क्षेत्र में भी देखा जाता है कि हम कई उदारतर भावों के साथ कुछ अग्रसर हो, पुनः प्राचीन संकीर्ण मतों की ओर लौट आते हैं। किंतु ऐसा

न कर हमें किसी नई दिशा में विचार करने का प्रयत्न करना चाहिए, चाहे वह गलत ही क्यों न हो! निश्चेष्ट रहने की अपेक्षा तो यही श्रेयस्कार है। अतः हम क्यों न लक्ष्य की ओर अग्रसर होने का प्रयत्न करें।

असफलताओं से ही ज्ञान का उदय होता है। अनंतकाल हमारे सम्मुख है, फिर हम हताश क्यों हों? दीवार को देखो, क्या वह कभी मिथ्या भाषण करती है? पर उसकी उन्नति भी कभी नहीं होती, वह दीवार-की-दीवार ही रहती है।

मनुष्य मिथ्या भाषण करता है, किंतु उसमें देवता बनने की भी क्षमता है। नर नारायण भी बन सकता है, इसलिए हमें सदैव क्रियाशील-प्रयत्नशील बने रहता चाहिए। कोई परवाह नहीं, यदि हम गलत रास्ते पर जा रहे हों, कुछ न करने से यह अच्छा ही है। गाय कभी झूठ नहीं बोलती, पर वह सदैव गाय ही बनी रहती है। इसलिए क्रियाशील बनो, कुछ-न-कुछ करते रहो। चिंतन करना सीखो, नए विचारों को जन्म दो, चाहे वे गलत ही क्यों न हों। हमारे पूर्वजों ने इस प्रकार कोई विचार नहीं किया, इसलिए क्या हम भी घुटनों पर माथा टेककर बैठे रहें और अपनी भावनाशक्ति तथा विचारशक्ति खो दें? इस अवस्था से तो मृत्यु अधिक श्रेयस्कर है। जीवन का मूल्य ही क्या रहा, यदि धर्म के संबंध में हमारे अपने कुछ विचार, हमारी अपनी कुछ जीवंत धारणाएँ न हों?

मनुष्य मिथ्या भाषण करता है, किंतु उसमें देवता बनने की भी क्षमता है। नर नारायण भी बन सकता है, इसलिए हमें सदैव क्रियाशील-प्रयत्नशील बने रहता चाहिए। कोई परवाह नहीं, यदि हम गलत रास्ते पर जा रहे हों, कुछ न करने से यह अच्छा ही है। गाय कभी झूठ नहीं बोलती, पर वह सदैव गाय ही बनी रहती है।

नास्तिक जन भी हमसे कहीं अच्छे हैं, उनसे कुछ आशाएँ की जा सकती हैं, क्योंकि दूसरों से उनका मतभेद होने पर भी वे कम-से-कम खुद कुछ विचार करते हैं। जो स्वयं विचार नहीं करते, उन्होंने

अभी धर्मराज्य में पदार्पण नहीं किया है। वे जेली-फिश के समान केवल नाममात्र के लिए जीवित हैं। वे स्वयं विचार नहीं करते। वे वास्तव में धर्म का कोई आदर नहीं करते।

सफलता की चिंता न करो। यदि इस प्रकार अपने स्वरूप का चिंतन करते-करते तुम किसी विचित्र सिद्धांत तथा मत की सृष्टि कर लो तो भी क्या? यदि तुम्हें भय है कि लोग तुम्हें विचित्र और अजीब कहने लगेंगे तो अपने सिद्धांत को अपने तक ही सीमित रखो। दूसरों में प्रचार करने की कोई आवश्यकता नहीं। किंतु चुपचाप मत बैठो, कुछ करो। ईश्वर की ओर यत्नपूर्वक बढ़ो। एक दिन अवश्य तुम्हें प्रकाश के दर्शन होंगे। एक दिन अवश्य तुम्हारे अंधकारपूरित हृदय में ज्ञान की किरणों का प्रकाश पहुँचेगा। यदि कोई आदमी रोज-रोज अपने हाथ से मुझे भोजन कराता रहे तो कुछ ही दिनों में मेरे हाथ बेकार हो जाएँगे। भेड़ों की तरह एक-दूसरे के पीछे चलने से आध्यात्मिक मृत्यु अवश्यंभावी है। निश्चेष्टता का फल ही मृत्यु है, अतएव कार्यशील बनो। और जहाँ क्रियाशीलता है, वहाँ विभिन्नता तो होगी ही। विभिन्नता ही जीवन का रस है, विभिन्नता में ही जीवन का लावण्य है। यही कला का प्राण है, यही जीवन का चिह्न है और यही जीवन-प्रवाह का मूल स्रोत है, फिर इसका भय क्यों?

सफलता की चिंता न करो। यदि इस प्रकार अपने स्वरूप का चिंतन करते-करते तुम किसी विचित्र सिद्धांत तथा मत की सृष्टि कर लो तो भी क्या? यदि तुम्हें भय है कि लोग तुम्हें विचित्र और अजीब कहने लगेंगे तो अपने सिद्धांत को अपने तक ही सीमित रखो। दूसरों में प्रचार करने की कोई आवश्यकता नहीं।

अब हम इन महापुरुषों का चरित कुछ समझ सकेंगे। इतिहास इस बात का प्रमाण है कि धर्म का नाममात्र आश्रय ले निश्चेष्ट पड़े रहने के बदले जहाँ-जहाँ यथार्थ में कुछ चिंतन किया गया है, ईश्वर के प्रति प्रेम

एवं भक्ति की भाव-सरिता प्रवाहित हुई है, वहीं आत्मा ईश्वर की ओर अग्रसर हुई है और उसे जीवन में क्षण भर के लिए ही क्यों न हो, बीच-बीच में उस परम वस्तु की झलक मिलती है, उसका साक्षात्कार हुआ है। उस समय हृदय के कुटिल भावों का नाश हो जाता है, सारी शंकाएँ दूर हो जाती हैं और कर्मों का क्षय हो जाता है, क्योंकि उस समय उस परम तत्त्व के दर्शन हो जाते हैं, जो दूर से भी दूरतम तथा निकट से भी निकटतम है। यही यथार्थ धर्म है, यही धर्म का सार है, इसके अतिरिक्त अन्य सब केवल मत-मतांतर मात्र हैं, कोरे सिद्धांत हैं, उस परम अवस्था तक पहुँचने के भिन्न-भिन्न मार्ग हैं। हम इस अवस्था को, धर्म के इस आदर्श को भूल गए हैं और केवल उसके बाह्य स्वरूप को लेकर झगड़ रहे हैं। टोकरी के फल तो कीचड़ में गिर गए हैं; हम टोकरी को ही सारे झगड़ों का विषय बना बैठे हैं।

धर्म पर विवाद करनेवाले दो व्यक्तियों से जरा यह पूछकर देखिए, "क्या तुमने ईश्वर को देखा है ? क्या तुमने उन सब अतींद्रिय विषयों का अनुभव किया है, जिनके लिए तुम झगड़ रहे हो ?" एक व्यक्ति कहता है, "ईसा मसीह ही सच्चा पैगंबर है।" ठीक है। पर उससे पूछो, "क्या तुमने ईसा को कभी देखा है ? क्या तुम्हारे पिता ने ईसा को देखा था ?"

धर्म पर विवाद करनेवाले दो व्यक्तियों से जरा यह पूछकर देखिए, "क्या तुमने ईश्वर को देखा है ? क्या तुमने उन सब अतींद्रिय विषयों का अनुभव किया है, जिनके लिए तुम झगड़ रहे हो ?" एक व्यक्ति कहता है, "ईसा मसीह ही सच्चा पैगंबर है।" ठीक है। पर उससे पूछो, "क्या तुमने ईसा को कभी देखा है ? क्या तुम्हारे पिता ने ईसा को देखा था ?" "नहीं।" "क्या तुम्हारे पितामह ने ईसा को देखा था ?" "नहीं।" "तब तुम विवाद किस बात पर कर रहे हो ? फल तो जमीन पर गिर गए हैं और तुम टोकरी को लेकर विवाद कर रहे हो !" समझदारों और सभ्य स्त्री-पुरुषों को इस प्रकार झगड़ते हुए शर्म आनी चाहिए।

ये सब पैगंबर और ईशदूत यथार्थ में महान् और सच्चे थे। क्यों? इसलिए कि उनमें से हर एक ने अपने जीवनकाल में एक-एक महान् भाव का, एक-एक महान् सिद्धांत का प्रचार किया है। उदाहरण के लिए, भारतवर्ष के महान् अवतारों को ही लीजिए। ये धर्म के प्राचीनतम संस्थापक हैं। पहले हम श्रीकृष्ण का ही जीवन लें। आपमें से जो गीता के पाठक हैं, वे जानते हैं कि उस ग्रंथ का मूल-सिद्धांत है—अनासक्ति; उसकी मुख्य शिक्षा है—'अनासक्त रहो'। तुम्हारे हृदय के प्रेम पर केवल एक व्यक्ति का अधिकार है, केवल उसका अधिकार है, जो अविकारी और अव्ययी है। वह कौन है? वह केवल ईश्वर ही है। इसलिए अपना हृदय किसी परिवर्तनशील वस्तु या व्यक्ति को समर्पित मत करो, इसका अंत दुःखमय होगा। यदि तुम किसी व्यक्तिविशेष को अपना हृदय अर्पित कर देते हो तो उसकी मृत्यु के पश्चात् सारा संसार तुम्हारे लिए दुःखपूर्ण बन जाएगा। आज जिसे अपने से अभिन्न मानकर तुम हृदय समर्पित कर चुके हो, संभव है कल उसी से तुम्हारा वैमनस्य हो जाए। जिस पति को तुमने अपना हृदयेश्वर मानकर अपना स्नेह अर्पित किया है, उसको तुमसे उपरति हो जाने पर तुम्हें सिसकियाँ भर-भरकर क्रंदन करना पड़ेगा। जिस पत्नी को तुमने अपने हृदयसिंहासन की रानी बना लिया है, उसकी मृत्यु हो जाने पर तुम्हारे सुखों का संसार धूल में मिल जाएगा। यही संसार की रीति है।

ये सब पैगंबर और ईशदूत यथार्थ में महान् और सच्चे थे। क्यों? इसलिए कि उनमें से हर एक ने अपने जीवनकाल में एक-एक महान् भाव का, एक-एक महान् सिद्धांत का प्रचार किया है। उदाहरण के लिए, भारतवर्ष के महान् अवतारों को ही लीजिए। ये धर्म के प्राचीनतम संस्थापक हैं। पहले हम श्रीकृष्ण का ही जीवन लें।

ये पार्थिव सुख क्षणभंगुर हैं, सपनों से अचिर हैं। इसलिए श्रीकृष्ण ने

'गीता' में उपदेश दिया है, एकमात्र ईश्वर ही अविकारी और अपरिणामी है। उसका स्नेह अनंत और अपरिवर्तनशील है। हम कहीं भी रहें और कुछ भी करें, पर उस दयानिधि की दया में कोई अंतर नहीं आता; उसके स्नेह की सरिता सदैव उसी प्रकार हमारे लिए प्रवाहित होती रहती है, उसमें कभी परिवर्तन नहीं होता। हमारे अधम कार्यों पर भी वह कभी क्रुद्ध नहीं होता। और वह हम पर क्रुद्ध हो भी तो क्यों? तुम्हारा नटखट बच्चा कितनी भी शरारत क्यों न करता हो, पर तुम उस पर कभी नहीं बिगड़ते।

हम भविष्य में क्या होनेवाले हैं, कितने महान् होनेवाले हैं, यह क्या ईश्वर नहीं जानता? उसे ज्ञान है कि यथाकाल हम सब पूर्णता प्राप्त कर लेंगे, इसलिए हममें सैकड़ों दोष रहने पर भी वह विचलित नहीं होता। उसका धैर्य असीम है, अतएव हमें उससे प्रेम करना चाहिए, प्राणिमात्र को उसका प्रकाश मानकर सबके प्रति स्नेहशील बनना चाहिए। यही 'गीता' की शिक्षा का सार है और इसी को अपने जीवन का मूलमंत्र मानकर जीवनपथ पर अग्रसर होना चाहिए। अपनी पत्नी को तुम अपने हृदय में स्थान दो, उससे प्रेम करो, पर पत्नी के लिए नहीं।

हम भविष्य में क्या होनेवाले हैं, कितने महान् होनेवाले हैं, यह क्या ईश्वर नहीं जानता? उसे ज्ञान है कि यथाकाल हम सब पूर्णता प्राप्त कर लेंगे, इसलिए हममें सैकड़ों दोष रहने पर भी वह विचलित नहीं होता। उसका धैर्य असीम है, अतएव हमें उससे प्रेम करना चाहिए, प्राणिमात्र को उसका प्रकाश मानकर सबके प्रति स्नेहशील बनना चाहिए।

न वा अरे पत्युः कामाय पतिः प्रियो भवति,
आत्मनस्तु कामाय पतिः प्रियो भवति।

'बृहदारण्यक' के इस महान् वाक्य को समझो। "हे प्रिये, पत्नी को पति प्रिय लगता है, किंतु वह पति के लिए नहीं। उसका कारण है, उसमें विद्यमान अनंत परमात्मा।"

वेदांत-दर्शन कहता है कि पति-पत्नी के स्नेहभाव एवं माता के वात्सल्य में भी यद्यपि पत्नी सोचती है कि वह अपने स्वामी से प्रेम कर रही है और माँ समझती है कि वह अपने शिशु से स्नेह कर रही है, वस्तुत: स्नेह का विषय ईश्वर ही है, जो पति और पुत्र दोनों में अवस्थित है। वही एकमेव आकर्षण है; उसके अतिरिक्त अन्य कोई उनका स्नेहभाजन नहीं है। पत्नी और जननी अज्ञानवश नहीं जानती कि अपने पति तथा पुत्र से स्नेह करने में वे केवल ईश्वर को ही प्यार कर रही हैं, और यह अज्ञान ही भविष्य में उनके दुःख का कारण बन जाता है। ज्ञानपूर्वक किए जाने पर यही कार्य मुक्ति का मार्ग बन जाता है। यही हमारे शास्त्रों का उपदेश है। जहाँ भी प्रेम है, आनंद का एक बिंदु भी वर्तमान है, वहीं ईश्वर वर्तमान है; क्योंकि ईश्वर रसस्वरूप है, प्रेमस्वरूप है, आनंदस्वरूप है। उसके अभाव में प्रेम और आनंद असंभव है।

वेदांत-दर्शन कहता है कि पति-पत्नी के स्नेहभाव एवं माता के वात्सल्य में भी यद्यपि पत्नी सोचती है कि वह अपने स्वामी से प्रेम कर रही है और माँ समझती है कि वह अपने शिशु से स्नेह कर रही है, वस्तुतः स्नेह का विषय ईश्वर ही है, जो पति और पुत्र दोनों में अवस्थित है।

श्रीकृष्ण के उपदेशों का यही भाव है। सारे भारतवर्ष पर, सारी हिंदू जाति पर श्रीकृष्ण ने इस उपदेश की एक अमिट छाप छोड़ दी है। वह उसकी नस-नस में प्रवाहित हो रही है।

जब कोई हिंदू कोई कार्य करता है, यहाँ तक कि जब वह पानी भी पीता है तो कहता है, "इस कार्य के सभी शुभ फल ईश्वरार्पित हैं।"

कोई सत्कार्य करते समय एक बौद्ध यही संकल्प करता है कि "इस कार्य के सारे शुभ फल संसार को प्राप्त हों और जगत् के दुःख एवं कष्ट मुझे मिलें।"

हिंदू कहता है, "मैं आस्तिक हूँ, ईश्वरविश्वासी हूँ और ईश्वर

सर्वव्यापी एवं सर्वशक्तिमान है, सकल आत्माओं की अंतरात्मा है। इसलिए यदि मैं अपने कार्यों का पुण्य, उनके शुभ फल ईश्वरार्पण कर दूँ तो यह सर्वश्रेष्ठ त्याग होगा; क्योंकि अंततोगत्वा मेरे सत्कार्य, मेरे कार्यों के शुभ फल निश्चित ही सारे संसार को प्राप्त होंगे।"

भगवान् श्रीकृष्ण के उपदेशों का यह केवल एक पहलू है। उनकी दूसरी महान् शिक्षा यह है, "संसार में रहकर जो व्यक्ति कार्य करता है और अपने कार्यों के शुभाशुभ फल ईश्वरार्पित कर देता है, वह संसार के पापों से अलिप्त रहता है। जिस भाँति जलज जल में जन्म लेकर भी जल से अलिप्त रहता है, उसी भाँति ऐसा व्यक्ति सांसारिक कर्मों को करते हुए भी, उन्हें ईश्वर को समर्पित कर देने पर दोष-लिप्त नहीं होता।"

संसार में रहकर जो व्यक्ति कार्य करता है और अपने कार्यों के शुभाशुभ फल ईश्वरार्पित कर देता है, वह संसार के पापों से अलिप्त रहता है। जिस भाँति जलज जल में जन्म लेकर भी जल से अलिप्त रहता है, उसी भाँति ऐसा व्यक्ति सांसारिक कर्मों को करते हुए भी, उन्हें ईश्वर को समर्पित कर देने पर दोष-लिप्त नहीं होता।

प्रबल कर्मशीलता श्रीकृष्ण की एक और महान् शिक्षा है। 'गीता' का उपदेश है—"कार्यरत रहो, दिन-रात कर्म में मग्न रहो।"

स्वाभाविक ही यह शंका उपस्थित होगी कि निरंतर कर्म से शांति कैसे उपलब्ध होगी? यदि मनुष्य दिवा-रात्र, आमरण अश्व की भाँति जीवन की गाड़ी खींचता रहे और उसे खींचते-खींचते ही इहलीला समाप्त कर दे तो मानव-जीवन का अर्थ और उद्‌देश्य तथा मानव-जीवन का मूल्य ही क्या रहा? भगवान् श्रीकृष्ण कहते हैं, "नहीं, कर्मरत व्यक्ति अवश्य शांति का अधिकारी बनेगा। कार्य-क्षेत्र से पलायन करना शांति का पथ नहीं है। यदि संभव हो तो अपने कर्तव्य-कर्म छोड़ दो तथा किसी पर्वतशिखर पर जीवनयापन करो। किंतु वहाँ भी मन स्थिर नहीं रहेगा, वहाँ भी वह यंत्रवत् भ्रमण करता रहेगा।"

एक बार किसी ने एक संन्यासी से पूछा था, "आप क्या कोई एकांत-निरुपद्रव स्थान ढूँढ़ने में सफल हो सके हैं? आप कितने वर्षों से हिमालय की मनोरम घाटियों में भ्रमण कर रहे हैं?"

संन्यासी बोले, "चालीस वर्षों से।"

तब उस व्यक्ति ने पुन: जिज्ञासा की, "भगवान्, हिमालय में तो निवास करने के लिए अनेक नितांत सुंदर स्थल हैं तो अब तक आपने क्यों नहीं किसी स्थान का निर्वाचन किया?"

*संन्यासी बोले, "वत्स, इन पूरे चालीस वर्षों में जब तक मैं हिमालय में वास करता रहा, मेरे मन ने मुझे एक बार भी ऐसा करने की अनुमति नहीं दी।"
हम सभी इसी प्रकार आजीवन शांति की शोध में लगे रहते हैं, मन में शांतिलाभ करने का संकल्प करते हैं, पर हमारा मन हमें शांति नहीं लेने देता।*

संन्यासी बोले, "वत्स, इन पूरे चालीस वर्षों में जब तक मैं हिमालय में वास करता रहा, मेरे मन ने मुझे एक बार भी ऐसा करने की अनुमति नहीं दी।"

हम सभी इसी प्रकार आजीवन शांति की शोध में लगे रहते हैं, मन में शांतिलाभ करने का संकल्प करते हैं, पर हमारा मन हमें शांति नहीं लेने देता।

हम सब उस सैनिक की कहानी जानते हैं, जिसने एक बार एक तातार को पकड़ लिया था। एक सैनिक नगर से लौटकर जब शिविर के समीप आया तो जोर-जोर से चिल्लाने लगा, "मैंने एक तातार को कैद कर लिया है, मैंने एक तातार को कैद कर लिया है।"

शिविर में से कोई बोला, "उसे भीतर ले आओ।" सैनिक ने कहा, "वह भीतर नहीं आता।" दूसरे सैनिक ने कहा, "तब तुम्हीं भीतर आ आओ।" पहला सैनिक बोला, "वह मुझे भी भीतर नहीं आने देता।" हम सबने उस सैनिक की भाँति अपने-अपने मन में एक-एक 'तातार' पकड़

लिया है और न तो हम स्वयं ही उसे वश में कर सकते हैं और न वह 'तातार' ही हमें शांतिपूर्वक जीवनयापन करने देता है। हमारी दशा भी उस सैनिक की भाँति हो गई है। हम सब शांत और स्थिर होने का संकल्प करते हैं। किंतु यह तो एक शिशु भी कह सकता है और मन में सोच सकता है कि वह सफल हो जाएगा। पर वस्तुतः इसमें कृतकार्य होना अत्यंत कठिन है।

मैंने भी ऐसा प्रयत्न किया है। मैंने अपने कर्तव्य-कर्मों को एकदम ही त्यागकर पर्वत-शिखरों की ओर प्रस्थान कर दिया। मैं गहन गुहाओं एवं निविड़ वनों में निवास करता रहा, पर व्यर्थ, क्योंकि मैंने भी एक 'तातार' पकड़ लिया था। मेरे विचारों का संसार सर्वत्र और सर्वदा मेरे साथ-साथ चल रहा था। यह 'तातार' हमारे ही मन में निवास करता है, इसलिए हमें अन्य व्यक्तियों पर अपनी शांति भंग करने का दोषारोपण नहीं करना चाहिए। हम अपनी बाह्य परिस्थितियों को दोष देकर कहते हैं कि ये परिस्थितियाँ अनुकूल हैं, ये प्रतिकूल हैं। पर हम भूल जाते हैं कि इन सबका कारण है वह 'तातार', जो हमारे ही मानस में निवास करता है, और उसे वशीभूत कर लेने पर सब ठीक हो जाएगा।

मैंने भी ऐसा प्रयत्न किया है। मैंने अपने कर्तव्य-कर्मों को एकदम ही त्यागकर पर्वत-शिखरों की ओर प्रस्थान कर दिया। मैं गहन गुहाओं एवं निविड़ वनों में निवास करता रहा, पर व्यर्थ, क्योंकि मैंने भी एक 'तातार' पकड़ लिया था। मेरे विचारों का संसार सर्वत्र और सर्वदा मेरे साथ-साथ चल रहा था।

इसलिए भगवान् श्रीकृष्ण की शिक्षा है कि अपने कर्तव्य-कर्म त्यागकर मत भागो, उनकी उपेक्षा न करो; मनुष्य की भाँति उन्हें पूर्ण करने का यत्न करो और उनके फलाफल की चिंता न करो। सेवक को 'क्यों' कहने का क्या अधिकार है ? सैनिक को तर्क-वितर्क करने का अधिकार नहीं। कर्तव्य-पथ पर अग्रसर होते जाओ और इस बात की चिंता न करो

कि तुम्हारा कर्तव्य-कर्म बड़ा है या छोटा। केवल अपने मन से पूछो कि वह निस्स्वार्थ भाव से कार्य कर रहा है या नहीं! यदि तुम यथार्थ में निःस्पृह हो तो किसी बात की परवाह न करो, विश्व में कोई भी तुम्हारा पथावरोध नहीं कर पाएगा। अपने कर्तव्य में अपने को डुबा दो। जो काम हाथ में आ जाए, उसे करते जाओ। जब तुम इस प्रकार कर्तव्यरत हो जाओगे तो शनैः-शनैः तुम्हें 'गीता' के इस महान् सत्य की प्रतीति होने लगेगी।

कर्मण्यकर्म यः पश्येदकर्मणि कर्म यः।
स बुद्धिमान् मनुष्येषु स युक्तः कृत्स्नकर्मकृत्॥

अर्थात् जो प्रबल कर्मशीलता में शांति अनुभव करता है तथा प्रबल निस्तब्धता एवं शांति में कर्मशीलता का दर्शन करता है, वही पूर्ण है, विद्वान् है, वही सिद्ध है।

अब तुम देखोगे कि श्रीकृष्ण के उपदेशानुसार संसार के सभी कर्तव्य, कर्म पवित्र हैं। ऐसा कोई काम नहीं है, जिसे निकृष्ट कहा जाए। भगवान् श्रीकृष्ण के अनुसार तो सिंहासनोपविष्ट सम्राट् और सामान्य जन के कर्तव्यों का महत्त्व समान ही है। 'कर्तव्य' दृष्टि से दोनों में कोई भेद नहीं।

अब तुम देखोगे कि श्रीकृष्ण के उपदेशानुसार संसार के सभी कर्तव्य, कर्म पवित्र हैं। ऐसा कोई काम नहीं है, जिसे निकृष्ट कहा जाए। भगवान् श्रीकृष्ण के अनुसार तो सिंहासनोपविष्ट सम्राट् और सामान्य जन के कर्तव्यों का महत्त्व समान ही है। 'कर्तव्य' दृष्टि से दोनों में कोई भेद नहीं।

अब गौतम बुद्ध के महान् संदेश को सुनिए। अनायास ही उनकी महान् वाणी हृदय में घर कर लेती है। बुद्ध ने कहा है, "अपनी स्वार्थपूर्ण भावनाओं का उन्मूलन कर दो, स्वार्थपरता की ओर ले जानेवाली सारी बातें नष्ट कर दो। पत्नी-पुत्र, परिवार आदि बंधनों तथा सांसारिक प्रपंचों से दूर रहो और संपूर्णतया स्वार्थशून्य बनो।"

संसारी व्यक्ति मन-ही-मन निस्स्वार्थ बनने का संकल्प करता रहता है, किंतु पत्नी-मुख अवलोकन करते ही उसका हृदय स्वार्थ से भर जाता है। माँ स्वार्थशून्य बनने की इच्छा करती है, पर पुत्र का मुखावलोकन करते ही उसके ये भाव लुप्त हो जाते हैं। सबकी यही दशा है। ज्यों ही हृदय में स्वार्थपूर्ण कामनाओं का उदय होता है, ज्यों ही व्यक्ति स्वार्थपूर्ण उद्‌देश्य से कार्य प्रारंभ करता है, त्यों ही उसका मनुष्यत्व, उसका वह गुणविशेष, जिसके बल पर वह स्वयं को मनुष्य कह सकता है, लुप्त हो जाता है, तब वह पशु बन जाता है, वासनाओं का क्रीतदास बन जाता है। उसे विस्मरण हो जाता है, अपने बांधवों का और अब वह कभी नहीं कहता, 'पहले आप और बाद में मैं'; अब उसके मुँह से निकलने लगता है, 'पहले मैं और मेरे बाद सब अपना-अपना प्रबंध कर लें।'

संसारी व्यक्ति मन-ही-मन निस्स्वार्थ बनने का संकल्प करता रहता है, किंतु पत्नी-मुख अवलोकन करते ही उसका हृदय स्वार्थ से भर जाता है। माँ स्वार्थशून्य बनने की इच्छा करती है, पर पुत्र का मुखावलोकन करते ही उसके ये भाव लुप्त हो जाते हैं। सबकी यही दशा है।

हम देखते हैं कि श्रीकृष्ण की शिक्षा का भी हमारे जीवन में कितना महत्त्व है। बिना इस संदेश को हृदय में धारणा किए संसार में क्षण भर भी शांत और अकपट भाव से सानंद कर्तव्यरत रहना असंभव हो जाएगा। कर्तव्य-पथ पर अग्रसर पुरुष को श्रीकृष्ण के उपदेश का एक-एक शब्द निर्भीक बनाता रहता है। श्रीकृष्ण कहते हैं—

सहजं कर्म कौन्तेय सदोषमपि न त्यजेत्।
सर्वारम्भा हि दोषेण धूमेनाग्निरिवावृताः॥

अर्थात् कर्तव्यकर्म में कोई दोष होने पर भी भयभीत हो, उन्हें त्याग नहीं देना चाहिए, क्योंकि संसार में ऐसा कोई कार्य नहीं है, जो सर्वथा दोषमुक्त हो।

ब्रह्मण्याधाय कर्माणि सङ्गं त्यक्त्वा करोति यः।

"अपने कर्मों को ईश्वर को समर्पित कर दो और उनके फलों की चिंता न करो।"

दूसरी ओर, भगवान् बुद्ध की अमृतमयी वाणी भी कम हृदयग्राहिणी नहीं है। ऐसा कौन पाषाणहृदय है, जो बुद्ध की इस वचनावली से प्रभावित न होगा? जग क्षणभंगुर तथा दुःखमय है। समय तीव्र गति से व्यतीत होता जा रहा है। अपने आमोदपूर्ण जीवन से संतुष्ट, अपने सुंदर प्रासादों में मनोरम वस्त्राभूषणों से विभूषित हो अनेकविध भोज्य पदार्थों से अपनी जिह्वा को तुष्ट करनेवाले हे मोहनिद्राभिभूत नर-नारियो! क्या जीवन में तुमने कभी दाने-दाने के लिए मुहताज उन लक्ष-लक्ष नर-कंकालों की भी कोई चिंता की है, जो भूख से तड़प-तड़पकर दम तोड़ देते हैं? जरा सोचो, जगत् के इस महासत्य पर विचार करो, 'सर्वं दुःखमनित्यमध्रुवम्'—संसार में चारों ओर दुःख-ही-दुःख हैं। देखो, संसार में पदार्पण करता हुआ शिशु भी वेदनापूर्ण रुदन करने लगता है। यह एक हृदयविदारक सत्य है। इस दुःखमय जगत् में जन्म लेते ही वह क्रंदन करने लगता है। संसार में रुदन के सिवा है क्या? संसार एक रुदनस्थल है। इसलिए यदि हम तथागत के शब्दों को हृदय में स्थान देना चाहते हैं तो हमें संपूर्ण रूप से स्वार्थशून्य होना होगा।

भगवान् बुद्ध की अमृतमयी वाणी भी कम हृदयग्राहिणी नहीं है। ऐसा कौन पाषाणहृदय है, जो बुद्ध की इस वचनावली से प्रभावित न होगा? जग क्षणभंगुर तथा दुःखमय है। समय तीव्र गति से व्यतीत होता जा रहा है। अपने आमोदपूर्ण जीवन से संतुष्ट, अपने सुंदर प्रासादों में मनोरम वस्त्राभूषणों से विभूषित हो अनेकविध भोज्य पदार्थों से अपनी जिह्वा को तुष्ट करनेवाले हे मोहनिद्राभिभूत नर-नारियो!

अब तनिक नाजरथ-निवासी ईशदूत ईसा के उपदेशों को देखिए।

उनकी शिक्षा है, "प्रस्तुत रहो, स्वर्गराज्य अत्यंत समीप है।"

मैंने श्रीकृष्ण के उपदेशों का मनन किया है। मैं अनासक्त होकर कर्ममार्ग पर अग्रसर होने का यत्न भी करता हूँ, किंतु कभी-कभी उन उपदेशों को भूलकर मैं मोहाभिभूत हो जाता हूँ। तब इस मोहनिद्रा में हठात् तथागत की अमृतमयी वाणी हृदय में झंकृत हो उठती है, "सावधान! संसार के सकल पदार्थ नश्वर हैं। संसार दुःखमय है। 'सर्व दुःखमनित्यमध्रुवम्।'" मैं सुनकर कुछ सँभलता हूँ, पर मेरे हृदय में यह विवाद उठ खड़ा होता है कि मैं कृष्ण और बुद्ध में से किसका अनुगमन करूँ? तब मेरे कानों में ईसा की यह महान् घोषणा गूँजने लगती है, "प्रस्तुत रहो, स्वर्गराज्य अत्यंत समीप है। एक क्षण का भी विलंब न होने दो। कल पर कुछ न छोड़ो और उस महान् व परमावस्था के लिए सदा प्रस्तुत रहो, वह तुम्हारे निकट किसी भी क्षण उपस्थित हो सकती है।" ईसा के इस संदेश का भी हमारे हृदय में उच्च स्थान है। हम आदरपूर्वक इस उपदेश को शिरोधार्य करते हैं और प्रणाम करते हैं उस महान् अवतार को, ईश्वर के उस विग्रह-रूप को, जिसने दो सहस्र वर्ष पूर्व मानवजाति को प्रेम एवं सदाचार की शिक्षा दी थी।

मैंने श्रीकृष्ण के उपदेशों का मनन किया है। मैं अनासक्त होकर कर्ममार्ग पर अग्रसर होने का यत्न भी करता हूँ, किंतु कभी-कभी उन उपदेशों को भूलकर मैं मोहाभिभूत हो जाता हूँ। तब इस मोहनिद्रा में हठात् तथागत की अमृतमयी वाणी हृदय में झंकृत हो उठती है, "सावधान! संसार के सकल पदार्थ नश्वर हैं। संसार दुःखमय है। 'सर्व दुःखमनित्यमध्रुवम्।'"

इसके पश्चात् हमारी दृष्टि समानता के उस महान् संदेशवाहक पैगंबर मुहम्मद साहब की ओर जाती है। शायद तुम पूछोगे कि उनके धर्म में क्या अच्छाई है? पर यदि उसमें अच्छाई न होती तो वह अद्यापि जीवित कैसे रह पाता? जो अच्छा है, कल्याणकर है, वही इस संसार में जीवित

रह सकता है, शेष सबकुछ विनाश के अनंत गह्वर में प्रवेश कर जाता है। जो कल्याणकर है, वही सबल और दृढ़ है और इसलिए वही अनंत जीवन का भी अधिकारी होता है। इस जीवन में भी अपवित्र और दुराचारी का जीवनकाल कितना होता है ? क्या पवित्र साधु व्यक्ति उससे दीर्घायु नहीं होता ? निश्चित, क्योंकि साधुता ही शक्ति है, पवित्रता ही बल है। यदि इसलाम में कोई अच्छाई, कोई शुचिता न होती तो वह आज तक जीवित कैसे रह पाता ? नहीं, इसलाम में यथेष्ट अच्छाई है। पैगंबर मुहम्मद साहब दुनिया में समता, बराबरी के संदेशवाहक थे, वे मानवजाति में मुसलमानों में भ्रातृभाव के प्रचारक थे।

इस प्रकार हम देखते हैं कि हर अवतार, हर पैगंबर ने दुनिया को एक-न-एक महान् सत्य का संदेश दिया है। जब हम उस संदेश का मनन करते हैं और तत्पश्चात् उसके प्रचारक महापुरुष की जीवनी का अवलोकन करते हैं तो उस सत्य के प्रकाश में उसका सारा जीवन व्याख्यात दिखाई पड़ता है। महापुरुषों के ये शब्द उनके जीवन की सबसे बड़ी व्याख्या है, उनके प्रकाश में उनके जीवन की एक-एक घटना का महत्त्व प्रकट होने लगता है।

इस प्रकार हम देखते हैं कि हर अवतार, हर पैगंबर ने दुनिया को एक-न-एक महान् सत्य का संदेश दिया है। जब हम उस संदेश का मनन करते हैं और तत्पश्चात् उसके प्रचारक महापुरुष की जीवनी का अवलोकन करते हैं तो उस सत्य के प्रकाश में उसका सारा जीवन व्याख्यात दिखाई पड़ता है। महापुरुषों के ये शब्द उनके जीवन की सबसे बड़ी व्याख्या है, उनके प्रकाश में उनके जीवन की एक-एक घटना का महत्त्व प्रकट होने लगता है।

अज्ञ एवं बुद्धिमान व्यक्ति अनेकविध मत-मतांतरों की कल्पना करते हैं और अपने मानसिक विश्वास के अनुसार अपनी कल्पनाओं का समर्थन करनेवाली कई व्याख्याएँ आविष्कृत कर इन महापुरुषों पर

आरोपित कर देते हैं। उनकी महान् शिक्षाओं को लेकर वे उन पर अपने मतानुसार भ्रांत व्याख्याएँ करने लगते हैं। किंतु हर एक महापुरुष की जीवनी ही उसके उपदेशों का एकमात्र भाष्य है। किसी महान् आचार्य के जीवन का अवलोकन करो। 'गीता' को ही पढ़कर देखो, तुम्हें कृष्ण के जीवन और 'गीता' के एक-एक शब्द में सामंजस्य दिखेगा।

पैगंबर मुहम्मद साहब ने अपने जीवन के दृष्टांत से यह दिखला दिया कि मुसलमान-मात्र में संपूर्ण साम्य व भ्रातृभाव रहना चाहिए। उनके धर्म में जाति, मतामत, वर्ण, लिंग आदि पर आधारित भेदों के लिए कोई स्थान नहीं था। तुर्किस्तान का सुलतान अफ्रीका के बाजार से एक हब्शी गुलाम खरीदकर, उसे शृंखलाबद्ध कर अपने देश में ला सकता है। किंतु यदि यही गुलाम इसलाम को अपना ले और उपयुक्त गुणों से विभूषित हो तो उसे तुर्की की शाहजादी से निकाह करने का भी हक मिल जाता है। मुसलमानों की इस उदारता के साथ जरा इस देश (अमेरिका) में हब्शियों (नीग्रो) एवं रेड इंडियन लोगों के प्रति किए जानेवाले घृणापूर्ण व्यवहार की तुलना तो कीजिए! हिंदू भी और क्या करते हैं? यदि आपके देश का कोई धर्म-प्रचारक भूलकर भी यदि किसी 'सनातनी' हिंदू के भोजन को स्पर्श कर ले तो वह उसे अशुद्ध कहकर फेंक देगा! हमारा दर्शन उच्च और उदार होते हुए भी हमारा व्यवहार, हमारा आचार, हमारी कितनी दुर्बलता का परिचायक है! किंतु अन्य धर्मावलंबियों की तुलना में हम इस दिशा में

पैगंबर मुहम्मद साहब ने अपने जीवन के दृष्टांत से यह दिखला दिया कि मुसलमान-मात्र में संपूर्ण साम्य व भ्रातृभाव रहना चाहिए। उनके धर्म में जाति, मतामत, वर्ण, लिंग आदि पर आधारित भेदों के लिए कोई स्थान नहीं था। तुर्किस्तान का सुलतान अफ्रीका के बाजार से एक हब्शी गुलाम खरीदकर, उसे शृंखलाबद्ध कर अपने देश में ला सकता है।

मुसलमानों को अत्यंत प्रगतिशील पाते हैं। जाति या वर्ण का विचार न कर सबके प्रति समान भाव-बंधुभाव का प्रदर्शन, यही इसलाम की महत्ता है, इसी में उसकी श्रेष्ठता है।

क्या संसार में और भी अवतार-पुरुष जन्म ग्रहण कर पृथ्वीतल को पवित्र करेंगे? निश्चय ही अन्य एवं श्रेष्ठतर महापुरुष धरा पर अवतीर्ण होंगे। किंतु उनके आगमन की प्रतीक्षा में मत बैठे रहो। मैं तो यह पसंद करूँगा कि आपमें से हर एक व्यक्ति सब प्राचीन संहिताओं के समष्टि-स्वरूप इस यथार्थ नवसंहिता के आचार्य बनें। प्राचीन काल के विभिन्न अवतारों के समस्त संदेशों को आत्मसात् कर उन्हें अपनी अनुभूति, अपनी उपलब्धि के योग से पूर्ण बना लो और इस अंधकाराच्छन्न युग की त्रस्त मानवजाति के मसीहा बन जाओ। ये सभी अवतार महान् हैं। प्रत्येक ने हमारे लिए कुछ-न-कुछ वसीयत छोड़ी हैं, वे हमारे ईश्वर हैं। हम उनके चरणों में प्रणाम करते हैं, हम उनके क्षुद्र किंकर हैं। किंतु इसके साथ-साथ हम स्वयं को भी नमस्कार करते हैं, क्योंकि वे यदि ईश्वरतनय और अवतार हैं तो हम भी वही हैं। उन्होंने अपनी पूर्णता पहले प्राप्त कर ली है और हम भी यहीं और इसी जीवन में पूर्णता प्राप्त कर लेंगे। ईसा के शब्दों को स्मरण करो, "स्वर्गराज्य निकट ही है।" इसलिए इसी क्षण हम सबको यह दृढ़ संकल्प कर लेना चाहिए कि "मैं पैगंबर बनूँगा; मानवजाति का मसीहा बनूँगा। मैं ज्योतिस्वरूप भगवान् का संदेशवाहक बनूँगा, मैं ईश्वरतनय बनूँगा; नहीं, मैं स्वयं ईश्वरस्वरूप बनूँगा।" *(3 फरवरी, 1900 को पैसाडोना में शेक्सपियर समिति में दिया हुआ भाषण)*

□

ज्ञानार्जन

ब्रह्माजी ने, जो देवताओं में प्रथम और प्रधान हैं, शिष्यों में ज्ञान का प्रचार किया, जो शिष्य-परंपरा द्वारा अभी तक चला आ रहा है। जैनों के मतानुसार, उत्सर्पिणी एवं अवसर्पिणी कालचक्र के बीच कतिपय अलौकिक सिद्धपुरुषों का, 'जिनों' का प्रादुर्भाव होता है और उनके द्वारा मानव-समाज में ज्ञान का पुनः-पुनः विकास होता है। इसी प्रकार बौद्धों का भी विश्वास है कि बुद्ध नाम से अभिहित किए जानेवाले सर्वज्ञ महापुरुषों का बारंबार आविर्भाव होता रहता है। पुराणों में वर्णित अवतारों के अवतीर्ण होने के अनेकानेक प्रयोजनों में से आध्यात्मिक प्रयोजन ही मुख्य है। भारत के बाहर हम देखते हैं कि महामना स्पितामा जरथुष्ट्र मर्त्यलोक में ज्ञानालोक लाए। इसी प्रकार हजरत मूसा, ईसा तथा मुहम्मद ने भी अलौकिक शक्तिसंपन्न होकर मानव-समाज के बीच अलौकिक रीतियों से अलौकिक ज्ञान का प्रचार किया।

☐ केवल कुछ व्यक्ति ही 'जिन' हो सकते हैं, उनके अतिरिक्त और कोई भी 'जिन' नहीं हो सकता। बहुत से लोग केवल मुक्ति तक ही पहुँच सकते हैं। बुद्ध नामक अवस्था की प्राप्ति सभी को हो सकती है। ब्रह्मादि केवल पदवी विशेष हैं, प्रत्येक जीव इन पदों को प्राप्त कर सकता है। जरथुष्ट्र, मूसा, ईसा, मुहम्मद—ये सभी महापुरुष थे। किसी विशेष कार्य

के लिए ही इनका आविर्भाव हुआ था। पौराणिक अवतारों का आविर्भाव भी इसी प्रकार हुआ था। उस आसन की ओर जनसाधारण का लालसापूर्ण दृष्टिपात करना अनधिकार चेष्टा है।

आदम ने फल खाकर ज्ञान प्राप्त किया। 'नू' ने जिहोवा की कृपा से सामाजिक शिल्प सीखा। भारतवर्ष में देवगण या सिद्धपुरुष ही समस्त शिल्पों के अधिष्ठाता माने गए हैं। जूता सीने से लेकर चंडी-पाठ तक, प्रत्येक कार्य अलौकिक पुरुषों की कृपा से ही संपन्न होता है। 'गुरु बिन ज्ञान नहीं', श्रीगुरुमुख से निःसृत हुए बिना, श्रीगुरु की कृपा हुए बिना, शिष्य-परंपरा में इस ज्ञानबल के संचार का और कोई उपाय नहीं है।

आदम ने फल खाकर ज्ञान प्राप्त किया। 'नू' ने जिहोवा की कृपा से सामाजिक शिल्प सीखा। भारतवर्ष में देवगण या सिद्धपुरुष ही समस्त शिल्पों के अधिष्ठाता माने गए हैं। जूता सीने से लेकर चंडी-पाठ तक, प्रत्येक कार्य अलौकिक पुरुषों की कृपा से ही संपन्न होता है।

फिर दार्शनिक, वैदांतिक कहते हैं, "ज्ञात मनुष्य की स्वभावसिद्ध संपत्ति है, आत्मा का स्वभाव है; यह मानव-आत्मा ही अनंत ज्ञान का आधार है, उसे कौन सिखला सकता है? सुकर्म द्वारा इस ज्ञान के ऊपर जो एक आवरण पड़ा हुआ है, वह केवल हट जाता है; अथवा यह 'स्वतः सिद्ध ज्ञान' अनाचार से संकुचित हो जाता है तथा ईश्वर की कृपा से सदाचार द्वारा पुनः प्रसारित होता है। और यह भी लिखा है कि अष्टांग योगादि द्वारा, ईश्वर की भक्ति द्वारा, निष्काम कर्म द्वारा अथवा ज्ञानचर्चा द्वारा अंतर्निहित अनंत-शक्ति एवं ज्ञान का विकास होता है।

दूसरी ओर आधुनिक लोग अनंत स्फूर्ति के आधारस्वरूप मानव-मन को देख रहे हैं। सभी की यह धारणा है कि उपयुक्त देश-काल-पात्र के अनुसार ही ज्ञान की स्फूर्ति होगी। फिर पात्र की शक्ति से देश-काल की विडंबना का भी अतिक्रमण किया जा सकता है। कु-देश या कु-

समय में पड़ जाने पर भी योग्य व्यक्ति बाधाओं को दूर कर, अपनी शक्ति का विकास कर सकते हैं। अब तो पात्र के ऊपर, अधिकारी के ऊपर जो सब उत्तरदायित्व लाद दिया गया था, वह भी कम होता जा रहा है। कल की बर्बर जातियाँ भी आज अपने प्रयत्न से सभ्य एवं ज्ञानवान होती जा रही हैं और निम्न श्रेणी के लोग भी अप्रतिहत शक्ति से उच्चतम पदों पर प्रतिष्ठित हो रहे हैं। निरामिष आहार करनेवाले माता-पिता की संतान भी विनयशील एवं विद्वान् हुई है। संथालों के वंशज भी अंग्रेजों की कृपा से अन्य बंगाली विद्यार्थियों के साथ होड़ कर रहे हैं। वंशानुगत गुणों पर प्रतिष्ठित अधिकार भी दिनोदिन आधारहीन प्रमाणित होता जा रहा है।

एक संप्रदाय के लोग ऐसे हैं, जिनका विश्वास है कि प्राचीन महापुरुषों का उद्देश्य वंश-परंपरा से केवल उन्हीं को प्राप्त हुआ है, एवं सब विषयों के ज्ञान का एक निर्दिष्ट भंडार अनंत काल से विद्यमान है तथा वह भंडार उनके पूर्वजों के ही अधिकार में था। अत: वे ही उसके उत्तराधिकारी हैं, जगत् के पूज्य हैं। यदि इन लोगों से पूछा जाए कि जिनके ऐसे पूर्वज नहीं हैं, उनके लिए क्या उपाय है? तो उत्तर मिलता है, "कुछ भी नहीं।" पर इनमें से जो अपेक्षाकृत दयालु हैं, वे उत्तर देते हैं, "हमारी चरण-सेवा करो, उस सुकृत के फलस्वरूप अगले जन्म में हमारे वंश में जन्म ग्रहण करोगे।" और इन लोगों से यदि यह कहा जाए, "आधुनिक काल में जो अनेक आविष्कार हो रहे हैं, उन्हें तो

एक संप्रदाय के लोग ऐसे हैं, जिनका विश्वास है कि प्राचीन महापुरुषों का उद्देश्य वंश-परंपरा से केवल उन्हीं को प्राप्त हुआ है, एवं सब विषयों के ज्ञान का एक निर्दिष्ट भंडार अनंत काल से विद्यमान है तथा वह भंडार उनके पूर्वजों के ही अधिकार में था। अत: वे ही उसके उत्तराधिकारी हैं, जगत् के पूज्य हैं। यदि इन लोगों से पूछा जाए कि जिनके ऐसे पूर्वज नहीं हैं, उनके लिए क्या उपाय है?

तुम लोग नहीं जानते हो और न कोई ऐसा प्रमाण ही मिलता है कि तुम्हारे पूर्वजों को यह सब ज्ञात था," तो वे कह उठते हैं, "हमारे पूर्वजों को यह सब ज्ञात था, पर अब इनका लोप हो गया है। यदि इसका प्रमाण चाहिए तो अमुक-अमुक श्लोक देखो।"

यह कहने की आवश्यकता नहीं कि प्रत्यक्षवादी आधुनिक लोग इन सब बातों पर विश्वास नहीं करते।

अपरा एवं परा विद्या में विभेद अवश्य है, आधिभौतिक एवं आध्यात्मिक ज्ञान में विभिन्नता अवश्य है। यह हो सकता है कि एक का पथ दूसरे का न हो सके, एक उपाय के अवलंबन से सब प्रकार के ज्ञानराज्य का द्वार न खुल सके, किंतु वह अंतर केवल उच्चता के तारतम्य में है, केवल अवस्थाओं के भेद में है। उपायों के अनुसार ही लक्ष्यप्राप्ति होती है। वास्तव में वही एक अखंड-ज्ञान समस्त ब्रह्मांड में परिव्याप्त है।

अपरा एवं परा विद्या में विभेद अवश्य है, आधिभौतिक एवं आध्यात्मिक ज्ञान में विभिन्नता अवश्य है। यह हो सकता है कि एक का पथ दूसरे का न हो सके, एक उपाय के अवलंबन से सब प्रकार के ज्ञानराज्य का द्वार न खुल सके, किंतु वह अंतर केवल उच्चता के तारतम्य में है, केवल अवस्थाओं के भेद में है।

इस प्रकार स्थिर सिद्धांत हो जाने पर कि ज्ञानमात्र पर केवल कुछ विशेष पुरुषों का ही अधिकार है तथा ये सब विशेष पुरुष ईश्वर या प्रकृति या कर्म से निर्दिष्ट होकर यथासमय जन्म ग्रहण करते हैं और इसके अतिरिक्त किसी भी विषय में ज्ञानलाभ करने का और कोई उपाय नहीं है। समाज से उद्योग तथा उत्साह आदि का लोप हो जाता है, आलोचना के अभाव के कारण उद्‌भावनी शक्ति का क्रमशः नाश हो जाता है तथा नई वस्तु की जानकारी में फिर किसी को उत्सुकता नहीं रह जाती और यदि होने का उपाय भी हो तो

समाज उसे रोककर धीरे-धीरे नष्ट कर देता है। यदि यही सिद्धांत स्थिर हुआ कि सर्वज्ञ व्यक्तिविशेष द्वारा ही अनंत काल के लिए मानव के कल्याण का पथ निर्दिष्ट हुआ है तो ऐसा होने से समाज उन सब निर्देशों में तिलमात्र भी व्यतिक्रम होने पर सर्वनाश की आशंका से कठोर शासन द्वारा मनुष्यों को उस नियत मार्ग पर ले जाने की चेष्टा करता है। यदि समाज इसमें सफल हुआ तो परिणामस्वरूप मनुष्य यंत्रवत् बन जाता है। जीवन का प्रत्येक कार्य ही यदि पहले से निर्दिष्ट हुआ हो तो फिर विचारशक्ति को विशेष आलोचना का प्रयोजन ही क्या? उद्भावनी शक्ति का प्रयोग होने पर धीरे-धीरे उसका लोप हो जाता है एवं तमोगुणपूर्ण जड़ता समाज को आ घेरती है और वह समाज धीरे-धीरे अवनति की ओर जाने लगता है।

दूसरी ओर सर्वप्रकार से निर्देशविहीन होने पर ही यदि कल्याण होना संभव होता तो फिर सभ्यता एवं संस्कृति चीन, हिंदू, मिस्र, बेबिलोन, ईरान, ग्रीस, रोम एवं अन्य महान् देशों के निवासियों को त्यागकर जुलू, हब्शी, हाटेंटाट, संथाल, अंडमान तथा ऑस्ट्रेलिया-निवासी जातियों का ही आश्रय ग्रहण करती।

दूसरी ओर सर्वप्रकार से निर्देशविहीन होने पर ही यदि कल्याण होना संभव होता तो फिर सभ्यता एवं संस्कृति चीन, हिंदू, मिस्र, बेबिलोन, ईरान, ग्रीस, रोम एवं अन्य महान् देशों के निवासियों को त्यागकर जुलू, हब्शी, हाटेंटाट, संथाल, अंडमान तथा ऑस्ट्रेलिया-निवासी जातियों का ही आश्रय ग्रहण करती।

अतएव महापुरुषों द्वारा निर्दिष्ट पथ का भी गौरव है, गुरु-परंपरागत ज्ञान का भी एक विशेष प्रयोजन है और यह भी एक चिरंतन सत्य है कि ज्ञान में सर्व-अंतर्यामित्व है। किंतु ऐसा प्रतीत होता है कि प्रेम के उच्छ्वास में अपने को भूलकर भक्तगण उन महापुरुषों के उद्देश्य को न अपनाकर, उनकी उपासना को ही एकमात्र ध्येय समझने लगते हैं तथा स्वयं हतश्री

हो जाने पर मनुष्य स्वाभाविकतया पूर्वजों के ऐश्वर्य–स्मरण में ही समय बिताता रहता है, यह भी एक प्रत्यक्ष प्रमाणित बात है। भक्तिपूर्ण हृदय, संपूर्णतया पूर्वपुरुषों के चरणों पर आत्मसमर्पण कर स्वयं दुर्बल बन जाता है और यही दुर्बलता फिर आगे चलकर शक्तिहीन गर्वित हृदय को पूर्वजों की गौरवगाथा को ही जीवन का आधार बना लेने की शिक्षा देता है।

पूर्वजों–महापुरुषों को सभी विषयों का ज्ञान था और समय के फेर से उस ज्ञान का अधिकांश अब लुप्त हो गया है। यह बात सत्य होने पर भी यही सिद्धांत निकलेगा कि उसके लोप होने के कारणस्वरूप आज के तुम लोगों के पास उस विलुप्त ज्ञान का होना या न होना एक सी ही बात है; यदि तुम उसे पुनः सीखना चाहते हो तो तुम्हें फिर से नया प्रयत्न करना होगा, फिर से परिश्रम करना होगा।

आध्यात्मिक ज्ञान, जो विशुद्ध हृदय में अपने आप ही स्फुरित होता है, वह भी चित्तशुद्धि रूप बहु प्रयास एवं परिश्रम–साध्य है। आधिभौतिक ज्ञान के क्षेत्र में भी जो सब महान् सत्य मानव–हृदय में प्रस्फुरित हुए हैं, अनुसंधान करने पर पता चलता है कि वे सब सहसा उद्भूत दीप्ति की भाँति मनीषियों के ही मन में उदित हुए हैं, जंगली असभ्य मनुष्यों के मन में नहीं।

आध्यात्मिक ज्ञान, जो विशुद्ध हृदय में अपने आप ही स्फुरित होता है, वह भी चित्तशुद्धि रूप बहु प्रयास एवं परिश्रम–साध्य है। आधिभौतिक ज्ञान के क्षेत्र में भी जो सब महान् सत्य मानव–हृदय में प्रस्फुरित हुए हैं, अनुसंधान करने पर पता चलता है कि वे सब सहसा उद्भूत दीप्ति की भाँति मनीषियों के ही मन में उदित हुए हैं, जंगली असभ्य मनुष्यों के मन में नहीं। इसी से यह सिद्ध हो जाता है कि आलोचना, विद्याचर्चा एवं मननरूप कठोर तपस्या ही उसका कारण है।

अलौकिकत्व रूपी जो सब अद्भुत विकास हैं, चिरोपार्जित लौकिक चेष्टा ही उसका कारण है। लौकिक और अलौकिक में भेद केवल प्रकाश

के तारतम्य में है। महापुरुषत्व, ऋषित्व, अवतारत्व या लौकिक विद्या में शूरत्व सभी जीवों में विद्यमान है। उपयुक्त गवेषणा एवं समयानुकूल परिस्थिति के प्रभाव से यह पूर्णता प्रकट हो जाती है। जिस समाज में इस प्रकार के पुरुषसिंहों का एक बार आविर्भाव हो गया है, वहाँ पुनः मनीषियों का अभ्युत्थान अधिक संभव है। जो समाज गुरु द्वारा प्रेरित है, वह अधिक वेग से उन्नति के पथ पर अग्रसर होता है, इसमें कोई संदेह नहीं; किंतु जो समाज गुरुविहीन है, उसमें भी समय की गति के साथ गुरु का उदय तथा ज्ञान का विकास होना उतना ही निश्चित है।

□

स्वामी विवेकानंद : महत्त्वपूर्ण तिथियाँ

- 12 जनवरी, 1863 : कोलकाता में जन्म
- सन् 1879 : प्रेजीडेंसी कॉलेज में प्रवेश
- सन् 1880 : जनरल एसेंबली इंस्टीट्यूशन में प्रवेश
- नवंबर 1881 : श्रीरामकृष्ण परमहंस से प्रथम भेंट
- सन् 1882–1886 : श्रीरामकृष्ण परमहंस से संबद्ध
- सन् 1884 : स्नातक परीक्षा उत्तीर्ण; पिता का स्वर्गवास
- सन् 1885 : श्रीरामकृष्ण परमहंस की अंतिम बीमारी
- 16 अगस्त, 1886 : श्रीरामकृष्ण परमहंस का निधन
- सन् 1886 : वराह नगर मठ की स्थापना
- जनवरी 1887 : वराह नगर मठ में संन्यास की औपचारिक प्रतिज्ञा
- सन् 1890–1893 : परिव्राजक के रूप में भारत भ्रमण
- 24 दिसंबर, 1892 : कन्याकुमारी में
- 13 फरवरी, 1893 : प्रथम सार्वजनिक व्याख्यान, सिंकदराबाद में
- 31 मई, 1893 : मुंबई से अमेरिका रवाना

- 25 जुलाई, 1893 : वैंकूवर, कनाडा पहुँचे
- 30 जुलाई, 1893 : शिकागो आगमन
- अगस्त 1893 : हार्वर्ड विश्वविद्यालय के प्रो. जॉन राइट से भेंट
- 11 सितंबर, 1893 : धर्म महासभा, शिकागो में प्रथम व्याख्यान
- 27 सितंबर, 1893 : धर्म महासभा, शिकागो में अंतिम व्याख्यान
- 16 मई, 1894 : हार्वर्ड विश्वविद्यालय में संभाषण
- नवंबर 1894 : न्यूयॉर्क में वेदांत समिति की स्थापना
- जनवरी 1895 : न्यूयॉर्क में धर्म-कक्षाओं का संचालन आरंभ
- अगस्त 1895 : पेरिस में
- अक्टूब 1895 : लंदन में व्याख्यान
- 6 दिसंबर, 1895 : वापस न्यूयॉर्क
- 22-25 मार्च, 1896 : हार्वर्ड विश्वविद्यालय में व्याख्यान
- 15 अप्रैल, 1896 : वापस लंदन
- मई-जुलाई 1896 : लंदन में धार्मिक-कक्षाएँ
- 28 मई, 1896 : ऑक्सफोर्ड में मैक्समूलर से भेंट
- 30 दिसंबर, 1896 : नेपल्स से भारत की ओर रवाना
- 15 जनवरी, 1897 : कोलंबो, श्रीलंका आगमन
- 6-15 फरवरी, 1897 : मद्रास में
- 19 फरवरी, 1897 : कलकत्ता आगमन
- 1 मई, 1897 : रामकृष्ण मिशन की स्थापना
- मई-दिसंबर 1897 : उत्तर भारत की यात्रा
- जनवरी 1898 : कलकत्ता वापसी
- 19 मार्च, 1899 : मायावती में अद्वैत आश्रम की स्थापना
- 20 जून, 1899 : पश्चिमी देशों की दूसरी यात्रा

- 31 जुलाई, 1899 : लंदन आगमन
- 28 अगस्त, 1899 : न्यूयॉर्क आगमन
- 22 फरवरी, 1900 : सैन फ्रांसिसको में
- 14 अप्रैल, 1900 : सैन फ्रांसिसकों में वेदांत समिति की स्थापना
- जून 1900 : न्यूयॉर्क में अंतिम कक्षा
- 26 जुलाई, 1900 : यूरोप रवाना
- 24 अक्तूबर, 1900 : वियना, हंगरी, कुस्तुनतुनिया, ग्रीस, मिस्र आदि देशों की यात्रा
- 26 नवंबर, 1900 : भारत को रवाना
- 9 दिसंबर, 1900 : बेलूड़ मठ आगमन
- जनवरी 1901 : मायावती की यात्रा
- मार्च–मई 1901 : पूर्वी बंगाल और असम की तीर्थ यात्रा
- जनवरी–फरवरी 1902 : बोध गया और वाराणसी की यात्रा
- मार्च 1902 : बेलूड़ मठ में वापसी
- 4 जुलाई, 1902 : महासमाधि

□□□